AF389694

L'économie mondiale et l'impérialisme

N. BOUKHARINE

L'économie mondiale et l'impérialisme

ESQUISSE ECONOMIQUE

1928

EDITIONS SOCIALES INTERNATIONALES

3, rue Valette — Paris (5e)

Avant-Propos

L'esquisse que nous soumettons au lecteur est, revu et développé, un article paru dans un périodique étranger : The Communist. *Il y a de cela quelque deux ans, le manuscrit fut envoyé en Russie où, après avoir subi l'incursion de la censure militaire, il échoua par erreur dans une autre « maison d'Edition ». On l'y découvrit après la révolution de Février. Il devait voir le jour au commencement de juillet, mais policiers et élèves policiers, en saccageant l'imprimerie de notre parti, prirent soin de mettre mon manuscrit à l'abri. Ce n'est que bien après que l'on réussit à le récupérer dans un état lamentable, sans toutefois pouvoir retrouver une longue préface, de la plus haute valeur, du camarade Lénine, auquel je fais part, ici même, de ma profonde gratitude.*

Comme il y a plus de deux ans que cet ouvrage a été écrit, il est très naturel que les chiffres (surtout dans le chapitre consacré à l'influence de la guerre) aient fortement vieilli.

A mon grand regret, je n'ai pu revoir mon manuscrit et le doter de chiffres plus récents. Je me suis borné à reconstituer les pages qui manquaient et à écrire le dernier chapitre qui, à cause de la censure, n'aurait pu paraître plus tôt.

Cet ouvrage a été écrit à l'heure où le socialisme, piétiné par le Capital et les traîtres « socialistes », subissait la plus profonde flétrissure. Peu de temps après avoir fait partir son ouvrage à destination, l'auteur eut le loisir de méditer sur les perspectives révolutionnaires dans les geôles du roi de Suède.

Cet avant-propos est écrit au moment où, en Russie, le socialisme révolutionnaire remporte une éclatante victoire.

Le vœu le plus ardent de l'auteur est que cet ouvrage se transforme bien vite, d'instrument de lutte contre l'impérialisme, en document historique, relégué dans la poussière des archives.

Le 25 novembre 1917.

N. Boukharine.

Préface [1]

*L'importance et l'actualité du thème traité par N. Boukha-
riné n'ont pas besoin d'être soulignées. La question de l'impérialisme n'est pas seulement une des plus essentielles, mais on peut
dire qu'elle est la plus essentielle dans le domaine de la science
économique où l'on étudie les transformations contemporaines
du capitalisme. La connaissance des faits de cet ordre, que l'auteur a colligés si copieusement, d'après les matériaux les plus
récents, est incontestablement nécessaire à quiconque se préoc-
cupe non seulement d'économie, mais de toute autre question
concernant la vie sociale de notre époque. Bien entendu, on ne
saurait émettre un jugement historique concret sur la guerre
actuelle si l'on ne se base sur une complète élucidation de la
nature de l'impérialisme, tant au point de vue économique qu'au
point de vue politique. De toute autre manière, on n'arriverait
pas à comprendre la situation économique et diplomatique, telle
qu'elle s'est avérée depuis plusieurs dizaines d'années, et, par
suite, il serait ridicule de prétendre juger sainement de la guerre.
Du point de vue du marxisme, qui met en relief, dans cette question, les exigences de la science moderne en général, on ne peut
que sourire de procédés prétendus « scientifiques » qui consis-
tent à offrir, pour une appréciation historique concrète de la
guerre, un choix arbitraire de petits faits, agréables ou commo-
des aux classes dirigeantes d'un pays, un choix de « docu-
ments » diplomatiques relevés parmi les événements politiques
du jour, etc. M. Plékhanov, par exemple, a dû faire complètement litière du marxisme pour substituer à l'analyse du caractère et des tendances essentielles de l'impérialisme, qui est un
ensemble de rapports économiques dans le capitalisme hautement évolué d'aujourd'hui, mûri et plus que mûr, pour substituer, dis-je, à cette analyse des considérations sur deux ou trois
petits faits agréables aussi bien aux Pourichkévitch qu'aux
Milioukov. Et encore, de la notion scientifique de l'impérialisme
ne reste-t-il pour lui qu'une injure dont on peut se servir à l'égard*

---

1. Cette préface de Lénine, dont Boukharine avait écrit qu'elle
s'était perdue, a été retrouvée dans les papiers de Lénine sous forme
de copie manuscrite et publiée dans la *Pravda* du 21 janvier 1927.
(N.D.L.R.)

de concurrents, de rivaux et d'adversaires des deux impérialistes que je viens de nommer, les uns et les autres se tenant
d'ailleurs sur un terrain de classe absolument identique! A une
époque comme la nôtre où l'on oublie si facilement ce que l'on
avait déclaré précédemment, où l'on égare si aisément ses principes, où l'on fait sans peine table rase de la philosophie qu'on
avait professée, où l'on renie les résolutions et les promesses
les plus solennelles, cela n'a rien d'étonnant.

La valeur scientifique de l'ouvrage de Boukharine est particulièrement en ceci qu'il examine les faits essentiels de l'économie mondiale concernant l'impérialisme envisagé comme un
ensemble, comme un stade déterminé du capitalisme le plus
hautement évolué. Il y a eu une époque de capitalisme relativement « pacifique », lorsque, dans les pays les plus avancés de
l'Europe, le féodalisme venait d'être complètement vaincu : le
capitalisme pouvait alors se développer d'une manière relativement beaucoup plus calme et régulière, par une expansion
« pacifique » sur d'immenses territoires encore inoccupés, et
en des pays non entraînés encore d'une façon définitive dans
son tourbillon. Certes, même à cette époque, approximativement
délimitée entre les années 1871 et 1914, le capitalisme « pacifique » créait des conditions de vie fort distantes, extrêmement
éloignées d'une « paix » véritable : guerre au dehors et lutte des
classes. Pour les neuf dixièmes de la population des pays avancés, pour des centaines de millions d'hommes dans les colonies
et les pays arriérés, cette époque n'a pas été celle de la « paix »,
mais bien de l'oppression, de tortures et d'horreurs d'autant plus
épouvantables qu'on n'en pouvait prévoir la fin. Cette période
est achevée sans retour : l'époque qui lui a succédé est celle de
violences relativement plus brusquées, se manifestant par sacca-
des, c'est une époque de catastrophes et de conflits, et ce qui
devient typique pour les masses, ce n'est plus tant « l'épouvante
sans fin » qu'une « fin dans l'épouvante ».

Il est extrêmement important de noter ici que ce changement est uniquement dû au développement immédiat, à l'élargissement, au prolongement des tendances les plus profondes et les
plus essentielles du capitalisme et de la production marchande
en général. Les échanges s'accroissent, la grosse production
augmente. Voilà les tendances bien marquées que l'on a obser-
vées à travers le cours des siècles dans le monde entier. Or, à
un certain degré du développement des échanges, à un certain
degré de l'accroissement de la grosse production, degré qui fut
atteint à peu près au seuil du XX⁰ siècle, le mouvement commercial a déterminé une internationalisation des rapports économiques et une internationalisation du capital ; la grosse production a pris des proportions telles qu'elle a substitué les
monopoles à la libre concurrence. Ce qui est devenu typique

*pour ce temps, ce ne sont plus des entreprises se livrant à
une « libre » concurrence à l'intérieur de chaque pays comme
aussi bien entre pays, ce sont des syndicats d'entrepreneurs,
des trusts détenteurs de monopoles. Le « souverain » actuel,
c'est déjà le capital financier, qui est particulièrement mobile
et souple, dont les fils s'enchevêtrent et dans chaque pays et
sur le plan international, qui est anonyme et n'a pas de rapports directs avec la production, qui se concentre avec une
facilité remarquable et qui est déjà extrêmement concentré, car
quelques centaines de milliardaires et de millionnaires tiennent
positivement entre leurs mains le sort actuel du monde entier.*

*Si l'on raisonne dans l'abstrait, théoriquement, on peut
adopter la conclusion à laquelle est arrivé — par une voie un
peu différente, mais en reniant aussi le marxisme — Kautsky;
savoir : que le temps n'est pas très éloigné où une association
mondiale de ces magnats du capital, constituant un trust unique,
mettra fin aux rivalités et aux luttes des capitaux financiers particularisés dans les Etats en créant un capital financier unifié
sur le plan international. Cette conclusion, cependant, est tout
aussi arbitraire, simpliste et fausse que celle, fort analogue, à
laquelle étaient arrivés nos « strouvistes » et « économistes », à
la fin du dernier siècle : ceux-ci, considérant que le progres-
sisme du capital, l'inéluctable nécessité du capitalisme et esti-
mant qu'il devait vaincre définitivement en Russie, en vinrent
à des conclusions qui étaient soit une apologie (on s'inclinait
devant le capitalisme, on se réconciliait avec lui, on le glorifiait
au lieu de le combattre), soit une renonciation à la politique (on
la niait, on en niait l'importance, on niait la probabilité de grands
bouleversements politiques, etc. — erreur particulière aux « économistes »), soit même une pure théorie de la grève (la « grève
générale », en tant qu'apothéose des mouvements de grève par-
tiels, théorie poussée jusqu'à l'oubli ou à l'ignorance délibérée
des autres moyens de lutte, et préconisant « un bond » direct
du capitalisme à la victoire sur le capital par la grève et uniquement par la grève). Certains indices montrent que le caractère
incontestablement progressiste du capitalisme, comparativement
au « paradis » petit-bourgeois de la libre concurrence, et que
la nécessité fatale de l'impérialisme et de sa victoire définitive,
dans les pays avancés, sur le capitalisme « pacifique », peuvent déterminer des erreurs tout aussi nombreuses et variées,
que ce soient des conclusions d'ordre politique ou des théories
apolitiques.*

*Chez Kautsky en particulier, sa rupture évidente avec le
marxisme s'est traduite non par un reniement ou un oubli de la
politique, non par « un bond » au-dessus des conflits politiques,
bouleversements et transformations particulièrement nombreux
et variés à cette époque d'impérialisme, non par une apologie de*

l'impérialisme, mais par le rêve d'un capitalisme « pacifique ». Le capitalisme pacifique a été remplacé par un impérialisme non point pacifique, mais belliqueux, catastrophique; cela, Kautsky est bien forcé de l'avouer, car il le reconnaissait déjà en 1909, dans un ouvrage spécialement consacré à cette question [1] ; là, il parlait pour la dernière fois en marxiste capable de déduire intelligemment les conséquences de ses principes. Mais si l'on ne peut rêver tout bonnement, en simpliste un peu grossier, d'un retour en arrière de l'impérialisme vers le capitalisme « pacifique », ne peut-on pas donner à ces rêves, qui sont en somme ceux d'un petit bourgeois, la forme d'une méditation bien innocente sur un « surimpérialisme pacifique » ? Si l'on appelle « surimpérialisme » l'association internationale des impérialismes nationaux (ou plus justement : des impérialismes particularisés dans les États), si l'on pense que ce surimpérialisme « pourrait » éliminer certains conflits particulièrement désagréables, alarmants ou importuns pour un petit bourgeois, tels que guerres, bouleversements politiques, etc., pourquoi ne se détournerait-on pas des réalités actuelles, de cette époque d'impérialisme qui a amené les plus graves conflits et des catastrophes, pour rêver innocemment d'un « surimpérialisme » relativement pacifique, relativement exempt de conflits, relativement exempt de catastrophes ? Pourquoi ne se détournerait-on pas des problèmes très graves que pose « brutalement » et a déjà posés l'époque d'impérialisme survenue en Europe, en rêvant que, peut-être cette époque passera bientôt et que, peut-être il est permis de concevoir une époque de « surimpérialisme » relativement pacifique et n'exigeant pas une tactique « brutale » ? C'est précisément ainsi que parle Kautsky. Selon lui, « cette nouvelle phase (surimpérialiste) du capitalisme est en tout cas théoriquement concevable », mais « est-elle réalisable, nous n'avons pas encore de prémisses suffisantes pour résoudre la question » [2].

Il n'y a plus ombre de marxisme dans une pareille tendance, dans cette volonté d'ignorer l'impérialisme existant et de se retirer vers un rêve de songe-creux sur des possibilités de « surimpérialisme ». Le marxisme, dans un pareil système, ne peut plus valoir que pour la « nouvelle phase de capitalisme » dont l'inventeur ne garantit pas lui-même les possibilités de réalisation, tandis que pour la phase actuelle, il nous offre, au lieu de marxisme, une tendance petite-bourgeoise et profondément réactionnaire qui aurait pour objet d'émousser les antagonismes. Kautsky a promis d'être marxiste à l'époque de graves conflits et

---

1. Il s'agit de la brochure de Kautsky : *Weg zur Macht* (*Le Chemin du Pouvoir*).

2. Lénine cite ici des passages de l'article de Kautsky : *Zwei Schriften zum Umlernen* (*Deux études à approfondir*), paru dans le n° 5 de la *Neue Zeit*, le 30 avril 1915.

de catastrophes qu'il était forcé de prévoir et de définir fort nettement quand il écrivait son ouvrage sur ce thème, en 1909. Maintenant, quand il est absolument hors de doute que cette époque est arrivée, Kautsky se borne encore à promettre d'être marxiste dans une époque future, qui n'arrivera peut-être jamais, celle du surimpérialisme ! En un mot, il promettra toujours tant qu'on voudra d'être marxiste à une autre époque, mais pas à présent, pas dans les conditions actuelles, pas dans l'époque où nous vivons ! Du marxisme à crédit, du marxisme en promesses, du marxisme de lendemain, une théorie petite-bourgeoise et opportuniste — et pas seulement une théorie ! — ayant pour objet d'émousser les antagonismes au jour présent! Quelque chose dans le genre de l'internationalisme d'exportation si répandu à l'heure actuelle : on les connaît, ces ardents — oh ! très ardents ! — internationalistes et marxistes qui saluent toute manifestation d'internationalisme dans le camp ennemi, partout excepté dans leurs pays et chez leurs alliés; on les connaît, ceux qui saluent la démocratie... quand ce n'est qu'une promesse des « alliés », ceux qui préconisent volontiers la « liberté des nations à disposer d'elles-mêmes », excepté pour les nations qui dépendent de la puissance à laquelle le sympathisant si libéral fait l'honneur d'appartenir !... En un mot, nous avons là un des mille aspects de l'hypocrisie courante.

Peut-on, cependant, contester qu'une nouvelle phase du capitalisme, après l'impérialisme, savoir : une phase de surimpérialisme, soit, dans l'abstrait, « concevable » ? Non. On peut théoriquement imaginer une phase de ce genre. Mais, en pratique, si l'on s'en tenait à cette conception, on serait un opportuniste qui prétend ignorer les plus graves problèmes de l'actualité pour rêver à des problèmes moins graves, qui se poseraient dans l'avenir. En théorie, cela signifie qu'au lieu de s'appuyer sur l'évolution telle qu'elle se présente actuellement, on s'en distrait délibérément pour rêver. Il est hors de doute que l'évolution tend à la constitution d'un trust unique, mondial, englobant toutes les entreprises sans exception et tous les Etats sans exception. Mais l'évolution s'accomplit en de telles circonstances, à un rythme tel, à travers de tels antagonismes, conflits et bouleversements — non pas seulement économiques, mais politiques, nationaux, etc. — qu'avant d'en arriver à la création d'un unique trust mondial, avant la fusion « surimpérialiste » universelle des capitaux financiers nationaux, l'impérialisme devra fatalement crever et le capitalisme se transformera en son contraire.

V. Iline (N. Lénine).

Décembre 1915.

PREMIÈRE PARTIE

L'économie mondiale
et le processus d'internationalisation
du capital

CHAPITRE PREMIER

La notion d'économie mondiale

1. L'impérialisme, problème de l'économie mondiale. — 2. La division internationale du travail, cas particulier de la division sociale du travail. — 3. Conditions naturelles et sociales de la division internationale du travail. — 4. L'échange international des produits, phénomène nécessaire et régulier. — 5. Le marché mondial des marchandises. — 6. Le marché mondial du capital financier. — 7. L'économie mondiale, système des rapports de production. — 8. Aspects divers de l'établissement de ces rapports de production. — 9. L'économie sociale en général et l'économie mondiale (question de l'agent de l'économie).

La lutte des Etats nationaux, qui n'est autre chose qu'une lutte entre groupes du même ordre de la bourgeoisie, ne tombe pas du ciel. On ne saurait considérer cette collision gigantesque comme une collision de deux corps dans un espace immatériel. Bien au contraire, cette collision est conditionnée par le milieu particulier dans lequel vivent et

se développent les « organismes économiques nationaux ».
Depuis longtemps ceux-ci ont cessé d'être un tout fermé,
une « économie isolée » à la façon de Fichte ou de Tunin.
Ils forment une partie d'une sphère infiniment plus vaste :
l'*économie mondiale*. De même que toute entreprise individuelle est partie composante de l'économie nationale, de
même chacune de ces « économies nationales » est intégrée
dans le système de l'économie mondiale. Dès lors, il est
nécessaire d'envisager la lutte des corps économiques nationaux avant tout comme une lutte entre les diverses parties
concurrentes de l'économie mondiale, de la même façon
que nous considérons la lutte entre entreprises individuelles,
comme une des manifestations de la vie sociale économique.
De la sorte, la question de l'impérialisme, de sa définition
économique et de son avenir, devient une question d'appréciation des tendances de l'évolution de l'économie mondiale et des modifications probables de sa structure interne.
Toutefois, avant d'aborder cette question, nous devons con-
venir de ce que nous entendons par « économie mondiale ».

La production des biens matériels est le fondement de
la vie sociale. Dans la société actuelle, qui produit non pas
de simples produits mais des marchandises, c'est-à-dire
des produits destinés à l'échange, le processus d'échange des
divers produits exprime la division du travail entre les
unités économiques productrices de ces marchandises.
Cette division du travail, à l'encontre de la division du
travail dans les limites d'une entreprise isolée, Marx l'appelle la division sociale du travail. Il va sans dire que la
division sociale du travail peut revêtir des formes différentes, comme par exemple, la division du travail entre
diverses entreprises d'un pays, ou la division du travail
entre les diverses branches industrielles, ou bien la division
du travail entre ces vastes subdivisions de toute la vie
productive que sont l'industrie et l'agriculture, ou encore,
la division entre pays représentant des systèmes économiques spécifiques dans le système général, etc.

Il est certain que l'on peut schématiser à l'infini et se
livrer à plus d'une classification de formes selon les diverses
tâches que l'on assigne à son étude. En l'occurrence, il nous

suffit de tenir compte du fait qu'à côté d'autres formes de division sociale du travail il y a la division du travail entre économies « nationales », entre divers pays, division du travail qui sort des limites de l'économie nationale et qui est la division internationale du travail.

Les conditions de division internationale du travail sont de deux genres ; premièrement, les conditions naturelles découlant de la diversité du milieu naturel dans lequel vivent les divers organismes de production ; deuxièmement, les conditions sociales découlant de la différence du niveau de « culture », de structure économique et le degré de développement des forces productives.

Commençons par les premières. « Des communautés différentes trouvent dans leur entourage naturel, des moyens de production différents, ainsi que des moyens de subsistance différents. Leur mode de production, leur manière de vivre, leurs produits, sont donc différents. C'est cette différence naturelle qui, lorsque les communautés entrent en contact, provoque l'échange des produits mutuels et, par suite, la transformation progressive des produits en marchandises. L'échange ne crée pas la différence des sphères de production ; il met en rapport les sphères différentes et les transforme ainsi en branches, plus ou moins dépendantes les unes des autres, d'une production totale sociale » [1].

Ainsi, la différence des sphères de production est ici le résultat de conditions naturelles de production. Il n'est pas difficile d'appuyer cette thèse de multiples illustrations. Prenons, par exemple, les matières végétales. Le café ne se cultive que dans certaines conditions climatiques. Il est principalement cultivé par le Brésil, en partie par l'Amérique centrale, et dans de bien moindres proportions par l'Afrique (Abyssinie, colonies anglaises de l'Afrique centrale, Afrique orientale allemande) et l'Asie (Indes néerlan-

---

1. Karl MARX : *Le Capital*, livre premier, tome II, p. 251 ; traduction de J. Molitor. Dans les exemples ci-dessous, nous ne mentionnons pas les pays où le produit donné est en général produit, mais uniquement les pays d'où il est exporté.

daises, Inde anglaise, Arabie, presqu'île de Malacca). Le cacao ne vient que dans les pays du tropique. Le caoutchouc, qui joue un rôle très important dans la production moderne, demande également certaines conditions climatiques qui font que sa culture est l'apanage de quelques pays (Brésil, Equateur, Pérou, Bolivie, Guyane, etc.). Le coton qui, de toutes les matières fibreuses, occupe, par son importance, la première place dans la vie économique, se cultive aux Etats-Unis, dans l'Inde anglaise, en Egypte, en Asie Mineure, dans les possessions russes de l'Asie Centrale. Le jute, qui détient la seconde place, est exporté presque exclusivement d'un seul pays : l'Inde anglaise. Si nous prenons la production des minéraux, nous obtenons le même tableau puisqu'il s'agit là, dans un certain sens, des richesses naturelles du pays. Le charbon, par exemple, est exporté des pays qui renferment de riches gisements de houille (Angleterre, Allemagne, Etats-Unis, Autriche, etc.) ; le pétrole provient des pays où existent des terrains pétrolifères (Etats-Unis, Caucase, Hollande, Indes, Roumanie, Galicie) ; le minerai est extrait en Espagne, en Suède, en France, en Algérie, à Terre-Neuve, à Cuba, etc. Le manganèse est surtout fourni par le Caucase et la Russie méridionale, l'Inde anglaise et le Brésil ; les gisements de cuivre se trouvent principalement en Espagne, au Japon, dans les colonies britanniques de l'Afrique du Sud et dans le sud-ouest africain allemand de l'Afrique, en Australie, au Canada, aux Etats-Unis, au Mexique, au Chili et en Bolivie.

Mais quelle que soit leur importance, les différences naturelles des conditions de production passent de plus en plus à l'arrière-plan par rapport aux différences que fait naître la croissance inégale des forces productives dans les divers pays. « Il importe de bien souligner que les conditions naturelles n'ont, pour les rapports de production comme pour le commerce et le transport, qu'une importance relative ; en d'autres termes, leur portée négative ou positive dépend, dans une large mesure, du niveau de « culture » de l'individu. Tandis que les conditions naturelles (mesurées à l'échelle humaine de l'espace du temps) peuvent être considérées comme des valeurs constantes, le niveau de culture est une variable, et quelque importantes que soient les différences dans les conditions naturelles des pays pour la production et la circulation, les différences de culture sont relativement tout aussi importantes, et seule l'action combinée des deux facteurs provoque les phénomènes de la vie économique » [1]. Les gisements de houille, par exemple, peuvent être un « capital mort » si les conditions techniques et économiques pour leur exploitation font défaut ; par contre, les montagnes, qui étaient autrefois un obstacle aux relations entre individus, les marais qui entravaient la production, etc., moyennant une technique hautement développée, perdent leur sens négatif grâce aux tunnels, aux travaux d'assèchement, etc.

Mais, pour nous, plus important encore est le fait que l'inégalité de développement des forces productives crée divers types économiques et diverses sphères industrielles, en élargissant de la sorte la division internationale du travail sur une base sociale. Nous voulons parler de la différence qui existe entre les pays industriels, important des produits de l'agriculture et exportant des produits manufacturés, et les pays agraires, exportant des produits agricoles et important des produits de l'industrie. « Toute division du travail, du moment qu'elle est développée et a pour condition l'échange des marchandises, a pour base la distinction entre la ville et la campagne. On peut dire que toute l'histoire économique de la société se résume dans ce mouvement alternatif » [2].

La distinction entre la « ville » et la « campagne » et le mouvement alternatif qui s'effectuait autrefois dans les cadres d'un seul pays, se reproduisent maintenant sur un plan considérablement élargi. De ce point de vue, des pays entiers, notamment les pays industriels, représentent la ville, et les régions agricoles, la campagne. Là, la division internationale du travail coïncide avec la division du travail

---

1. Ernst FRIEDRICH : *Géographie des Welthandels und Weltverkehrs* ; Iéna, Gust. Fischer, p. 7.
2. Karl MARX : *Le Capital*, tome II, p. 251-252.

entre les deux principales branches de l'ensemble de la production sociale, l'industrie et l'agriculture, et constitue ce qu'on appelle la division générale du travail [1]. Il est facile de s'en convaincre en examinant le rapport entre les régions de production des produits de l'industrie et de l'agriculture.

Le *froment* se cultive principalement au Canada, dans les régions agricoles des Etats-Unis, en Argentine, en Australie et aux Indes, en Russie, en Roumanie, en Serbie, en Hongrie. Le *seigle* est principalement exporté de Russie. La *viande* est fournie par l'Australie, la Nouvelle-Zélande, les Etats-Unis (régions agricoles), le Canada (dont la production de viande est particulièremnt élevée), l'Argentine, le Danemark, la Hollande, etc. Le *bétail* est généralement exporté des pays agraires de l'Europe dans les pays industriels. Les principaux pays producteurs d'Europe sont : la Hongrie, la Hollande, le Danemark, l'Espagne, le Portugal, la Russie et les pays balkaniques. Le *bois* est fourni par la Suède, la Finlande, la Norvège, la Russie du Nord, en partie par certaines régions de l'ex-Autriche-Hongrie ; les importations du Canada commencent également à se développer.

Si nous énumérons maintenant les pays qui exportent des produits manufacturés, nous verrons que ce sont les pays industriels les plus développés du monde. Les *cotonnades* sont jetées sur le marché d'abord par l'Angleterre ; viennent ensuite l'Allemagne, la France, l'Italie, la Belgique, etc., et parmi les pays d'outre-mer, les Etats-Unis. Les *lainages* sont produits pour le marché mondial par l'Angleterre, la France, l'Allemagne, l'Autriche, la Belgique, etc. Les articles *en fer et en acier* sont fabriqués principalement en Angleterre, en Allemagne et aux Etats-

---

1. « Si l'on ne considère que le travail lui-même, on peut désigner la division de la production sociale en ses grandes branches, telles que l'agriculture, l'industrie, etc., sous le nom de division du travail en général ; la répartition de ces branches de production en espèces et variétés sous le nom de division de travail en particulier, et la division du travail dans un atelier, sous le nom de division du travail en détail » (**Marx**).

Unis, pays qui ont atteint le degré d'industrialisation le plus élevé ; après eux, au second rang, viennent la Belgique, la France et l'Autriche-Hongrie. *Les produits chimiques* sont fabriqués par l'Allemagne, qui détient la première place, puis par l'Angleterre, les Etats-Unis, la France, la Belgique, la Suisse.

Ainsi, il y a une répartition spécifique des forces productives du capitalisme mondial. Les deux principales subdivisions du travail social passent par une ligne qui sépare deux types de pays et le travail social se trouve divisé sur le plan international.

La division internationale du travail est exprimée par *l'échange international.* « Les producteurs n'entrent en contact social que par l'échange des produits de leur travail, et c'est dans cet échange que se manifestent les caractères sociaux spécifiques de leurs travaux privés. En d'autres termes, les travaux privés ne se révèlent comme chaînons de l'ensemble du travail social que par les rapports que l'échange établit entre les produits du travail et, au moyen de ceux-ci, entre les producteurs » [1].

Le travail social de l'ensemble du monde est divisé entre pays. Le travail de chaque pays séparé devient partie de l'ensemble du travail social au moyen de l'échange qui s'effectue sur le plan mondial. Cette interdépendance des pays sur le terrain de l'échange n'est nullement accidentelle, elle est la condition nécessaire de l'évolution sociale ultérieure, moyennant quoi l'échange international devient un phénomène régulier de la vie sociale économique. Celle-ci serait littéralement désaxée si l'Amérique et l'Australie cessaient brusquement d'exporter leur froment et leur bétail, l'Angleterre et la Belgique leur charbon, la Russie son blé et ses matières premières, l'Allemagne ses machines et ses produits chimiques industriels, l'Inde, l'Egypte et les Etats-Unis, leur coton, etc. En revanche, les pays exportateurs de produits agricoles seraient tout aussi voués à la paralysie si les débouchés venaient brusquement à se fer-

---

1. Karl MARX : *Le Capital*, tome I, p. 57.

mer. Cela est particulièrement vrai pour les pays de « monoculture » ne cultivant pour ainsi dire qu'un seul produit (par exemple, le café au Brésil, le coton en Egypte, etc.). On verra, par les exemples ci-dessous, combien l'échange international est aujourd'hui nécessaire pour assurer la marche normale de la vie économique. En Angleterre, dans le premier tiers du XIX° siècle, les importations de blé destinées à compléter la quantité nécessaire à la consommation n'atteignaient que 2 ½ %, aujourd'hui elles atteignent environ 50 % (elles sont même de 80 % pour le froment) ; pour la viande, elles sont de 50 % environ ; de 70 % pour le beurre ; de 50 % pour les fromages, etc. [1].

Lekssis estime que, pour les produits manufacturés belges, le marché extérieur a la même importance que le marché intérieur. En Angleterre, c'est à peine si le marché intérieur absorbe le double des produits manufacturés, des articles métallurgiques et de charbon destinés à l'exportation. En Allemagne, le marché intérieur a une importance quatre fois et demie plus grande que le marché extérieur [2].

Selon Ballod, l'Angleterre importe les trois quarts et même les quatre cinquièmes de la quantité de viande qu'elle consomme, l'Allemagne importe 24 à 30 % environ de blé, 60 % environ de fourrages, et de 5 à 10 % de viande [3].

On pourrait multiplier indéfiniment ces exemples. Il y a dans le processus d'échange une liaison de marché régulatrice entre une multitude d'unités économiques dispersées sur les points géographiques les plus éloignés. Dans ces conditions, la division mondiale du travail et l'échange international supposent l'existence d'un marché mondial et de prix mondiaux.

Actuellement, les prix ne sont pas uniquement déterminés par les frais de production inhérents à une produc-

---

1. Bernhard Harms : *Wolkswirtschaft und Weltwirtschaft. Versuch der Begründung einer Weltwirschaftslehre*, Iéna, Gust. Fischer, 1912, p. 176.

2. G. Ziverking : *Politique commerciale extérieure*, Libraire Hefding, Saint-Pétersbourg, 1908.

3. C. Ballod : *Grundriss der Statistik*, p. 118.

tion donnée, locale ou nationale. Dans une large mesure, ces particularités locales et nationales disparaissent dans le niveau général régulateur des prix mondiaux qui influent, à leur tour, sur certains producteurs, certains pays, certaines contrées. Ce phénomène saute particulièrement aux yeux si nous prenons des produits comme le charbon et le fer, le froment et le coton, le café et la laine, la viande et le sucre, etc. Prenons la production des blés. Les conditions de production sont ici extrêmement variées, cependant les écarts de prix ne sont pas tellement sensibles.

Pour la période de 1901 à 1908, le prix (en marks) d'une tonne était le suivant :

Marché	Seigle	Froment	Orge
Vienne	146	168	149
Paris	132	183	»
Londres	»	139	138
New-York	»	141	»
Allemagne	155	183	163 [1]

Les conditions de production du froment en Angleterre et en Amérique sont bien différentes. Néanmoins, les prix du froment sur les marchés de Londres et de New-York sont sensiblement les mêmes (139 et 141 marks par tonne), du fait que l'immense flot de froment américain se déverse constamment en Angleterre et en Europe occidentale par l'océan Atlantique.

On peut se rendre compte du mouvement et de la formation de ces prix mondiaux en consultant les cours des bourses de commerce des principaux marchés : Londres, New-York, Berlin. Là, les variations des prix mondiaux sont notées journellement, les nouvelles du monde entier y sont centralisées et, de cette façon, il est tenu compte de l'offre et de la demande mondiales.

L'échange international repose sur la division internationale du travail. Mais il ne faut pas croire qu'il ne s'effectue que dans les limites que lui assigne cette division. Les

---

1. J. CORAD : *Getreidenpreise,* dans *Handwörterbuch der Staatswissenschaften.*

pays n'échangent pas seulement des produits de nature différente, mais aussi des produits similaires. Tel pays, par exemple, peut exporter, dans tel autre pays, non seulement des marchandises que celui-ci ne produit pas ou produit en quantité infime, mais il peut encore exporter ses marchandises en *faisant concurrence* à la production étrangère. Dans ce cas, l'échange international a son fondement non pas dans la division du travail, qui implique la production de valeurs marchandes de diverses natures, mais uniquement dans la différence des frais de production, dans la différence des valeurs individuelles (pour chaque pays) qui, dans l'échange international, se résument dans le travail socialement nécessaire dans le monde [1].

L'économie réalisée sur les moyens de paiement, c'est-à-dire sur les envois d'or, montre jusqu'à quel point les divers pays se sont rapprochés les uns des autres dans le processus d'échange. « Si, pour un pays quelconque, on additionne d'un côté le montant des entrées et des sorties d'or, et, d'un autre côté, l'exportation et l'importation marchandes, on constate que la valeur totale des envois d'or n'atteint presque jamais 5 % de la valeur des envois de marchandises. A ce sujet, il est bon de noter que la balance commerciale n'est qu'une partie de la balance des comptes d'un pays » [2].

De la même façon que se forme, dans la sphère de la circulation marchande, le marché mondial des marchandises, se forme le marché mondial du capital-argent, qui trouve son expression dans l'égalisation internationale du taux d'intérêt et du taux d'escompte. Ainsi le facteur financier tend, lui aussi, à contribuer au remplacement de la conjoncture économique de tout pays isolé par la conjoncture mondiale.

---

1. Il va de soi que, dans le premier cas, la différence de frais de production joue également un rôle. Mais elle exprime le fait de la production des produits de diverse nature ; dans le second cas, elle ne l'exprime pas.

2. Julius WOLF : *Das Internationale Zahllungswesen*, Leipzig, 1913, p. 62, dans *Veröffentlichungen des Mitteleuropäischen Wirtschaftsvereins in Deutschland*, fascicule XIV.

L'exemple du marché des marchandises nous montre que derrière les rapports de marché se cachent les rapports de production. Toute liaison dans le processus d'échange entre les producteurs suppose que les travaux privés de ceux-ci ont déjà été totalisés dans l'ensemble du travail social. De la sorte, derrière l'échange, il y a la production ; derrière les rapports d'échange, les rapports de production ; derrière les rapports de choses-marchandises, les rapports des personnes qui les produisent. Si la liaison dans le processus d'échange n'a pas un caractère accidentel, c'est qu'alors nous avons affaire à un système stable de rapports de production qui forme la structure économique d'une société donnée. Dès lors, nous pouvons définir l'économie mondiale comme un *système de rapports de production et de rapports d'échange correspondants embrassant la totalité du monde*.

Il ne faut pas croire cependant que ces rapports de production s'établissent uniquement dans le processus d'échange. « Dès que d'une *manière quelconque* les hommes travaillent les uns pour les autres, le travail acquiert une forme sociale » [1] ; en d'autres termes, quelle que soit la forme, directe ou indirecte, que prend la liaison entre les producteurs, du moment où elle s'établit et acquiert une forme stable, on peut parler de la création d'un système de rapports de production, c'est-à-dire de la croissance (ou de la formation) d'une économie sociale. A ce titre, l'échange apparaît comme une des formes d'expression les plus primitives des rapports de production. La vie économique moderne, d'une extrême complexité, connaît des formes, très différentes de nature, qui dissimulent ces rapports. Si, par exemple, on achète à la bourse des valeurs de Berlin, des actions d'une entreprise américaine, il s'établit un rapport de production entre le capitaliste allemand et l'ouvrier américain. Si une ville russe emprunte aux capitalistes de Londres et paye des intérêts, il se passe la chose suivante : une partie de la plus-value qui exprime le rapport entre l'ouvrier et le capitaliste anglais échoit à la municipalité de la ville russe, laquelle, sous forme d'intérêts, verse une

---

1. Karl MARX : *l. c.*, p. 55-56. Souligné par nous.

partie de la plus-value qui est obtenue de la bourgeoisie de cette ville et qui exprime le rapport de production entre l'ouvrier et le capitaliste russes. De cette façon, une liaison s'établit entre les ouvriers ainsi qu'entre les capitalistes des deux pays. Comme nous l'avons déjà mentionné, la circulation du capital-argent, qui prend des proportions toujours plus grandes, joue un rôle particulièrement important. On peut encore signaler une série de formes de liaison économique, l'émigration et l'immigration en tant que circulation de la force de travail, le transfert d'une partie du salaire des ouvriers émigrés (envois d'argent dans le pays d'origine), la fondation d'entreprises à l'étranger et le déplacement de la plus-value obtenue, les profits des compagnies maritimes, etc. Nous aurons encore l'occasion de revenir là-dessus. Pour le moment, nous nous bornerons à constater que l'économie mondiale renferme tous ces phénomènes économiques qui s'appuient, en définitive, sur les rapports des personnes dans le processus de production. De façon générale, tout le processus de la vie mondiale économique de nos jours consiste à produire de la plus-value et à la répartir entre les divers groupements de la bourgeoisie sur la base d'une reproduction sans cesse accrue des rapports entre deux classes : le prolétariat mondial et la bourgeoisie mondiale.

L'économie mondiale est une des formes de l'économie sociale en général. Par économie sociale, l'économie politique entend avant tout un système d'entreprises individuelles liées entre elles par l'échange. De ce point de vue il est clair que l'économie sociale n'implique nullement l'existence d'un agent économique dirigeant tout l'ensemble des rapports économiques. L'économie politique n'a pas en vue une sorte d' « unité téléologique » rationnelle « directrice », elle a en vue avant tout un système inorganisé d'entreprises où il n'y a pas de direction économique collective rationnelle, où les lois économiques sont les lois anarchiques du marché et de la production assujettie à celui-ci. C'est pourquoi aucun élément ne peut servir de signe constitutif déterminant pour l'intelligence de l'économie sociale, en général, et de l'économie mondiale, en particulier.

« Jusqu'ici les organismes économiques nationaux n'ont pu exercer une influence *générale régulatrice* sur le marché international où, jusqu'à présent, l'anarchie règne en maîtresse parce que c'est là le théâtre des hostilités où s'affrontent les intérêts nationaux » (c'est-à-dire les intérêts nationaux des classes dirigeantes) [1]. De ce fait cependant, l'économie mondiale ne cesse pas d'être économie mondiale [2].

---

1. Paul STAHLER : *Der Giroverkehr, seine Entwicklung und internationale Ausgestaltung*, Leipzig 1909, p. 127.

2. Ces observations visent l'opinion faussement répandue sur la nature de l'économie mondiale. Kalver, par exemple, propose le terme d'économie du marché mondial (*Weltmarktwirtschaft*). D'après Harms, seuls les traités internationaux autorisent l'emploi du terme « économie mondiale » dans son application à l'époque actuelle. D'après Kobatsch (voir son ouvrage: *La politique économique internationale*, Paris, éd. Giard et Brière, 1913), une économie mondiale suppose forcément un Etat mondial. Au demeurant, le terme « économie mondiale » suppose une classification selon l'ampleur des biens économiques et nullement selon la différence des moyens de production. C'est pourquoi il est absurde de reprocher aux marxistes (comme le fait Harms) de ne voir derrière l'économie capitaliste que l'économie socialiste et de ne pas apercevoir l'économie mondiale. Harms confond des classifications se rapportant à des choses bien différentes.

CHAPITRE II

Développement de l'économie mondiale

1. Croissance extensive et intensive de l'économie mondiale. — 2. Croissance des forces productives de l'économie mondiale. Technique. — 3. Extraction de la houille, du minerai, de la fonte, du cuivre, de l'or. — 4. Production des autres produits. — 5. Industrie des transports : chemins de fer, transport maritime. Télégraphe et câbles sous-marins. — 6. Développement du commerce extérieur. — 7. Migrations. — 8. Circulation du capital et financement des entreprises étrangères (activité des établissements industriels et des banques).

Le développement des liens économiques internationaux et, partant, le développement du système des rapports de production dans le monde, peut être de deux sortes : les liens internationaux peuvent se développer en largeur, englober des contrées jusque là restées en dehors du cycle de la vie capitaliste, et alors nous avons un développement extensif de l'économie mondiale ; ou bien ces liens se développent en profondeur, se multiplient, se resserrent, et alors nous avons un développement intensif de l'économie mondiale. Concrètement, le développement historique de l'économie mondiale s'opère simultanément dans ces deux directions, tandis que son développement extensif se fait principalement par la politique de conquêtes coloniales des grandes puissances [1].

L'invraisemblable rapidité de l'expansion de l'économie mondiale au cours des dernières décades a été provoquée par le développement extraordinaire des forces productives du capitalisme mondial. On en a la preuve dans le *progrès technique*. La principale conquête technique de ces

---

1. « La division du travail au sein de la société dans la période manufacturière est grandement facilitée par l'expansion du marché mondial et le système colonial qui rentrent dans la sphère de ses conditions générales d'existence » (K. MARX : *Capital*, t. II, p. 254). Cela est également vrai pour notre époque.

dernières décades a été les procédés qu'on a trouvés de se procurer l'énergie électrique et de la transmettre à distance. La transmission à distance de l'énergie électrique a permis de se rendre, dans une certaine mesure, indépendant du lieu de production de l'énergie et d'utiliser les forces de celle-ci autrefois absolument inaccessibles. Il s'agit, en premier lieu, de l'utilisation, pour la fabrication de l'énergie électrique, de la force hydraulique, de la houille « blanche », qui est devenue aujourd'hui avec la houille « noire » le principal facteur de la production industrielle. Ainsi ont apparu les turbines hydrauliques, génératrices d'énergie dans des proportions jusqu'alors inconnues. L'électrotechnique a, de même, exercé une très forte influence sur le développement des turbines à vapeur. Mentionnons l'éclairage électrique, l'application des procédés électrotechniques pour le façonnage des métaux, etc. De même, les moteurs à combustion interne ont acquis une énorme influence dans l'activité économique. Le développement des moteurs à gaz a reçu une puissante impulsion depuis qu'on a réussi à utiliser industriellement les gaz des hauts fourneaux. Les huiles minérales sont aussi des sources d'énergie. Il s'agit en premier lieu du pétrole et de l'essence. Les moteurs Diesel sont entrés dans l'usage général et tendent à éliminer la machine à vapeur devenue une valeur surannée [1]. L'application du surchauffage, les multiples découvertes faites dans le domaine de la chimie, notamment en matière de colorants, la révolution survenue dans la technique des transports (traction électrique, traction automobile), la télégraphie sans fil, le téléphone et ainsi de suite, complètent le tableau général du fébrile et rapide développement de la technique. A aucun moment, la juxtaposition de la science et de l'industrie n'a connu plus grands triomphes qu'aujourd'hui. La rationalisation de la production a pris la forme d'une intime collaboration entre les sciences abstraites et les réalisations pratiques. Les grandes usines sont dotées de laboratoires spéciaux, la profession d' « inven-

---

1. Konrad MATSCHOSS : *Grundriss der technischgeschichtlichen Entwicklung* in « Die Technik in XX Jahrhundert » hg. von A. Miethe, I Band.

teur » est en voie de formation, des centaines de sociétés scientifiques s'organisent, qui étudient toutes les questions voulues.

On pourra juger du développement de la technique par le nombre de brevets d'invention qui ont été pris. La quantité des brevets délivrés annuellement s'est modifiée de la façon suivante :

États-Unis		Allemagne		Angleterre		France	
1840	473	1900	8.784	1860-69.	21.310	1850	1.687
1860	4.778	1905	9.600	1880-87.	30.360	1880	6.057
1880	13.917	1910	12.100	1900	13.170	1900	10.997
1900	26.439	1911	12.640	1905	14.786	1905	11.463
1907	36.620 [1]	1912	13.080 [2]	1908	16.284 [3]	1907	12.680 [4]

La somme des produits de l'industrie extractive et des produits ouvrés augmente parallèlement aux progrès de la technique. Sous ce rapport, les chiffres les plus significatifs sont fournis par l'industrie lourde, car en se développant, les forces productives ne cessent de subir de nouvelles répartitions dans le sens de la production du capital fixe et notamment de sa partie constante. Le développement de la productivité du travail social s'accomplit de telle façon qu'une partie toujours plus grande de ce travail est consacrée aux opérations préparatoires de la production des moyens de travail. En revanche, une part de plus en plus restreinte du travail social de la société est consacrée à la production des articles de consommation, et c'est pourquoi la masse de ceux-ci en nature s'accroît démesurément en tant que valeurs de consommation. Economiquement, ce processus se traduit notamment par l'augmentation de la composition organique du capital social, par la croissance toujours plus forte du capital fixe par rapport au capital variable et par la diminution du taux de profit. Or, si dans le capital décomposé en partie constante et en partie variable

---

1. MULHALL : *The Dictionary of Statistics*, p. 439 ; WEBB : *New Dictionary of Statistics*, p. 450.
2. WEBB, *l. c., Statistisches Jahrbuch für das Deutsche Reich.*
3. MULHALL et WEBB.
4. *Ibid.*

il se produit une incessante augmentation relative de la partie constante, celle-ci fait également apparaître une croissance inégale de ses compositions-valeurs. Si l'on décompose le capital constant en capital fixe et en capital circulant (à ce dernier se rapporte généralement le capital variable), on découvre une tendance à une augmentation plus forte du capital fixe. En somme, il y a là une manifestation de la même loi d'après laquelle (dans les conditions d'une productivité croissante du travail) les opérations préparatoires de production (production des moyens de travail) doivent absorber une part toujours plus grande d'énergie sociale [1].

Ainsi s'explique la formidable expansion prise par l'industrie extractive et métallurgique. Si de façon générale le degré d'industrialisation d'un pays peut être regardé comme l'indice de son développement économique, l'importance de l'industrie lourde constitue l'indice du développement économique d'un pays industrialisé. C'est pourquoi l'essor des forces économiques du capitalisme mondial trouve son expression la plus nette dans l'expansion de ces branches d'industrie.

Production mondiale

Années	Houille (en millions de tonnes)	Années	Minerai de fer (en milliers de tonnes)
1850	82,6	1850	11.500
1875	283	1860	18.000
1880	344,2	1880	43.741
1890	514,8	1890	59.560,1
1900	771,1	1900	92.201,2
1901	793,2	1901	88.052,7

---

1. Marx a été le premier à découvrir clairement cette loi et à donner une brillante analyse de ses manifestations dans son étude sur les causes de la baisse du taux du profit (voir le *Capital*, t. III, ch. 1er). L'économie politique bourgeoise de nos jours, en la personne de Böhm-Bawerk, qui considère toute la théorie de Marx comme un château de cartes, plagie avec ardeur certains côtés de cette théorie tout en prenant bien soin de masquer la « source ». Telle est la théorie de Böhm-Bawerk sur les « voies détournées de la production », théorie qui n'est que la formulation empirée de la loi de Marx sur la formation de la composition organique du capital.

Production mondiale (*Suite*)

Années	Houille (en millions de tonnes)		Années	Minerai de fer (en milliers de tonnes)
1902........	806,7		1902........	97.134,1
1903........	883,1		1903........	102.016,9
1904........	889,9		1904........	96.267,8
1905........	940,4		1905........	117.096,3
1906........	1.003,9		1906........	129.096,3
1907........	1.095,9 [1]		1910........	139.536,8 [2]
1911........	1.165,5 [2]			

Années	Fonte (en milliers de tonnes)	Années	Cuivre (en milliers de tonnes)	Années	Or (en millions de livres sterling)
1850......	4.750	1850......	52	1850......	12
1875......	14.119	1880......	156,5	1880......	22
1900......	41.086	1900......	561	1900......	52
1901......	41.154	1901......	586	1905......	78
1902......	44.685	1902......	557	1906......	83
1903......	47.057	1903......	629	1907......	85
1904......	46.039	1904......	654	1908......	91
1905......	54.804	1905......	751	1909......	93
1906......	59.642	1906......	774	1910......	94
1907......	61.139	1910......	891	1911......	95
1911......	64.898	1911......	893,8	1912......	96
—	—	1912......	1.018,6	1913......	93
—	—	1913......	1.005,9 [4]	1914......	91 [5]

Ainsi en l'espace d'une soixantaine d'années (à partir de 1850) la production de la houille a augmenté de plus de 14 fois (1.320 %); le minerai de fer, de plus de 12 fois (1.113 %); la fonte, de 13 fois (1.266 %); le cuivre, de plus de 19 fois (1.834 %); l'or, de plus de 13 fois (1.218 %) [6].

---

1. JURASCHEK : *Bergbaustatistik*, dans *Handw. d. Staatswissenschaften.*

2. Calculé d'après *Statist. Jahrb. d. D. R.*, 1913 ; les chiffres sont moins probants du fait que pour l'Asie, l'Afrique et l'Australie on a pris les chiffres de 1910.

3. JURASCHEK : *l. c.* : la dernière année a été calculée d'après *Stat. Jahrb.* etc.

4. JURASCHEK : *Eisen und Eisenindustrie, Stat. Jahrb.*, etc.

5. *Statesman's Year-Book*, 1915 ; JURASCHEK, *l. c.* ; MULHALL, *l. c.*

6. *Vestnik Finansov*, 1915, n° 6. L'or remplit la fonction de moyen de circulation. Comme il ressort du tableau ci-dessus, son extraction s'accroît très sensiblement malgré le rôle immense du crédit et les économies de moyens de circulation en général.

Si l'on examine maintenant les autres produits, principalement les articles de consommation, produits pour le marché mondial, on voit que l'accroissement de leur production se traduit par les chiffres suivants :

Production mondiale

Années	Froment (en millions de tonnes)	Années	Coton (en milliers de balles)	Années	Sucre (en milliers de tonnes)
1881-89	60	1884-90	8.591	1880	3.670
1900	67	1890-96	10.992	1895	7.830
1905-07	90	1896-02	13.521,6	1904-05	11.797
1908	87	1902-08	16.049,6	1907-08	14.125
1909	96,9	1911-12	20.529,9	1911-12	13.270
1910	99,1	1912-13	19.197,9	1912-13	15.404
1912	105,6	1913-14	20.914,6	1913-14	16.081
1913	109,5	914-15	19.543,5 [1]	1914-15	13.252 [2]
1914	100,1	—	—	—	—

Années	Cacao (en millions de tonnes)	Années	Café (en milliers de tonnes)	Années	Caoutchouc (en milliers de tonnes)
—	—	1875	513	—	—
1895-99	82	1892	710	1900	50
1900-04	119	1903	1.168	1901-02	57
1907	149,9	1905-06	1.000	1902-04	57
1908	193,6	1906-07	1.500	1906-07	72 [4]
1909	205,2	1908	1.100	—	—
1910	216 [3]	—	—	—	—

1. *Vestnik Finansov*, 1915, n°° 19 et 39 (chiffres concernant le coton) ; les chiffres sur le froment sont donnés d'après Friedrich et le *Vestnik Finansov*, n° 15.

2. Mulhall WEBB : *Statesman's Year-Book*, 1915.

3. FRIEDRICH, *l. c.*

4. *Ibid.*

Ainsi il ressort que, dans une période d'une trentaine d'années (1881-89-1914), la production du froment s'est accrue de 1,6 (+67 %); celle du coton, de 2,2 (+127 %); celle du sucre (sucre de betterave et de canne à sucre, de plus de 3 ½ (+261 %), etc.

Ces chiffres se passent de commentaires. D'immenses quantités de produits sont rejetés du processus de production et pénètrent dans les canaux de la circulation. La capacité antérieure du marché n'était pas même en mesure d'absorber la centième partie de ce qu'absorbe aujourd'hui le marché mondial. Or celui-ci ne suppose pas seulement un certain degré de développement de la production au sens propre du mot. Sa condition matérielle nécessaire, c'est une industrie des transports développée. Car plus les moyens de transport sont développés et le mouvement des marchandises rapide et intensif, plus se trouvent accélérés l'intégration des marchés locaux et nationaux et l'accroissement de l'organisme unique de production de l'économie mondiale. Les transports électriques et les transports à vapeur remplissent à l'heure actuelle cette fonction dans la vie économique. Au milieu du siècle dernier, la longueur des réseaux ferroviaires était de 38.600 kilomètres ; en 1880, ce chiffre avait atteint 372.000 kilomètres [1]. Depuis, les voies ferrées se sont accrues avec une étonnante rapidité :

	Fin 1890 (en km.)	Fin 1911 (en km.)
Europe	223.869	338.880
Amérique	331.417	541.028
Asie	33.724	105.011
Australie	18.889	32.401
Total	617.285	1.057.809 [2]

Ainsi en 20 ans, de 1890 à 1911, la longueur des voies ferrées s'est accrue de 1,71 (+ 71 %).

Nous constatons la même évolution en examinant l'accroissement de la marine marchande. Il faut remarquer que le transport maritime joue un rôle exceptionnel du fait que c'est par cette voie que s'effectue la circulation des mar-

---

1. Prof. WIEDENFELD : *Eisenbahnstatistik*, dans *Handw. d. Staatsw.*
2. *Statist. Jahrb. f. d. D. R.*, 1913.

chandises entre continents (« commerce transatlantique »).
Or, grâce à ses tarifs relativement modiques, en Europe
même, son importance est immense (voyez par exemple la
circulation des marchandises entre la mer Noire et la Baltique). Les chiffres ci-dessous donnent une idée du développement de la marine marchande.

	Augmentation de 1872 à 1907	Augmentation de 1850 à 1907
Flotte anglaise	184 %	106 %
— allemande	281 %	166 %
— française	70 %	96 %
— norvégienne	64 %	7 %
— japonaise	1.077 %	52 % [1]

La construction des navires de commerce s'est développée, au cours des dernières années, de la façon suivante
(en tonnes) :

1905........	2.514.922	1910........	1.957.853
1906........	2.919.763	1911........	2.650.140
1907........	2.778.088	1912........	2.901.769
1908........	1.833.286	1913........	3.332.882
1909........	1.602.057	1914........	2.852.753 [2]

D'après Harms [3], en l'espace de 10 années seulement,
de 1899 à 1909, la capacité de transport de la marine marchande mondiale s'est accrue de 55,6 %. Ce formidable
accroissement de la marine marchande a permis de relier
les organismes économiques de plusieurs continents et de
révolutionner les méthodes précapitalistes dans les coins
les plus reculés du globe, tout en accélérant dans une mesure invraisemblable la circulation mondiale des marchandises.

Cependant cette dernière n'est pas seulement précipi-
tée par ce moyen. En réalité, tout le mouvement du mécanisme capitaliste est beaucoup plus complexe, attendu que
la circulation des marchandises et le roulement du capital
n'impliquent pas obligatoirement un déplacement de marchandises dans l'espace. « C'est dans le cycle du capital
et de la métamorphose des marchandises qui en fait partie,

---

1. G. Lecarpentier : *Commerce maritime et marine marchande,*
Paris 1910, p. 59.
2. *Statesman's Year-Book,* 1915, *l. c.*
3. B. Harms : *l. c.,* p. 126.

que s'opère le changement matériel des produits du travail
social. Ce changement peut nécessiter le déplacement des
produits d'un lieu dans un autre. Mais les marchandises
peuvent circuler sans changer réellement de place et le
transport des produits n'entraîne pas forcément la circulation des marchandises, ni même un échange direct des
produits. Une maison que A vend à B circule comme marchandise, mais ne se déplace pas. Des marchandises mobiles
comme le coton, le fer brut, tout en restant dans les mêmes
entrepôts, ne cessent de circuler du fait qu'elles sont vendues, rachetées et revendues sans fin par des spéculateurs.
Ce n'est pas la chose, c'est le titre de propriété qui se déplace [1].

A l'heure actuelle, des processus de ce genre s'opèrent
sur une immense échelle en raison du développement d'une
forme plus abstraite de capitalisme, de l'anonymat du capital, de l'accroissement des titres de valeurs, qui sont l'expression spécifique de la forme actuelle de propriété, de la
croissance du capitalisme « actionnaire » (Liefmann), ou du
capitalisme « financier » (Hilferding). Le nivellement des
cours sur les marchandises et sur toute espèce de valeurs
mobilières se fait au moyen du télégraphe (voyez l'activité
des Bourses des valeurs et des Bourses de commerce). Le
réseau télégraphique se développe à une allure aussi fébrile
que les moyens de transport. L'extension des câbles sous-
marins reliant les divers continents est un fait particulièrement important. A la fin de juin 1913, on comptait 2.547
câbles (aujourd'hui on en compte déjà 2.583), représentant
515.578 kilomètres de fil [2]. De sorte que la longueur des
câbles sous-marins égale la moitié de la longueur du réseau
ferroviaire (1.057.805 kilomètres en 1911). Ainsi grandit la
structure économique, essentiellement élastique, du capitalisme mondial, dont toutes les pièces réagissent sans cesse
les unes sur les autres, et où la moindre altération de l'une
a ses répercussions sur la totalité des autres.

Jusqu'ici nous avons examiné les conditions techniques
et économiques de l'économie mondiale. Examinons-en

---

1. Karl MARX : *Le Capital*, t. V, p. 255-256.
2. *St. Jahrb. f. d. D. R.*, p. 39 ; *The Statesman's Year-Book*.

maintenant le processus. Comme nous l'avons vu, l'échange est l'expression la plus primitive de la liaison économique dans l'économie commerciale, liaison que les cours mondiaux traduisent à l'échelle mondiale. Le transport international des marchandises, le « commerce mondial » est l'expression externe de ce phénomène. Quoique les chiffres que l'on possède ne puissent prétendre à une complète exactitude, ils n'en sont pas moins le reflet fidèle de la tendance incessante de la sphère du marché mondial à s'élargir.

Commerce extérieur (total des exportations et importations) des principaux pays du monde (en millions de marks)		Augmentation en % du commerce extérieur de 1891 à 1910 suivant les pays		
			Importations	Exportations
1903......	101.944	Etats-Unis ..	78	77
1904......	104.951,9	Angleterre ...	43	52
1905......	113.100,6	Allemagne ...	105	107
1906......	124.699,6	France	25	54
1907......	133.943,5	Russie	100	85
1908......	124.345,4	Pays-Bas	110	90
1909......	132.515	Belgique	105	84
1910......	146.800,3	Inde	75	62
1911......	153.870 [1]	Australie	35	74
		Chine	64	79
		Japon	300	233 [2]

Ainsi en *huit années*, de 1903 à 1911, les opérations du commerce international se sont accrues de 50 %, chiffre vraiment impressionnant. Or au fur et à mesure que le pouls de la vie économique et le développement des forces productives s'accélèrent, l'internationalisation de l'économie devient plus vaste et plus profonde. C'est pourquoi W. Sombart a foncièrement tort dans sa théorie lorsqu'il soutient la thèse des « effets mortels des liaisons internationales ». Le plus paradoxal des économistes contemporains a apporté ainsi, longtemps avant la guerre, un certain tribut à l'idéologie impérialiste qui tend à une « autarchie » économique, à la formation, sur une immense échelle, d'un vaste système se suffisant à lui-même [3]. Sa théorie consiste

---

1. *St. Jahrb. f. d. D. R.*, p. 39 ; *The Statesman's Year-Book.*
2. HARMS, *l. c.*, p. 212.
3. Sombart qui, pendant la guerre, est devenu un impérialiste enragé est loin d'être un phénomène unique. L'étude des problèmes économiques liés à l'économie mondiale permet de relever deux ten-

à généraliser le fait que l'écoulement des *produits manufac-turés* sur le marché intérieur s'est accru, en Allemagne, plus vite que leur exportation. Sombart en tire une étrange dé-duction sur les effets mortels du commerce extérieur en général. Mais si même, comme Harms [1] le remarque judi-cieusement, on admet que la tendance à l'écoulement des produits manufacturés sur le marché intérieur l'emporte sur la tendance à leur écoulement sur le marché extérieur (ce que fait Sombart en s'appuyant uniquement sur les statistiques allemandes), il est d'autre part impossible de perdre de vue les importations croissantes des matières premières et du blé qui sont la condition nécessaire du commerce intérieur des produits manufacturés, de l'écou-lement intérieur, étant donné que grâce à ces importations le pays n'a pas besoin de dépenser des forces productives à la production des matières premières et des denrées. Ce n'est qu'après avoir examiné les deux côtés de l'échange international et la répartition des forces productives dans tous les domaines de la production sociale que l'on peut se livrer à des déductions précises. Les tendances de l'évolution nouvelle favorisent au plus haut degré le développement des canaux d'échange internationaux (et par conséquent des autres canaux), d'une part en industrialisant, à une allure surprenante, les pays agraires et semi-agraires et en faisant naître en eux le besoin et la demande de produits agricoles étrangers, d'autre part en forçant, de toutes les façons, la politique d'exportation des cartels (dumping). L'expansion des liens commerciaux mondiaux va à pas rapides reliant de plus en plus solidement les diverses par-

---

dances : l'une optimiste, l'autre aspirant avant tout à consolider la force intérieure qui combat pour le pouvoir de la puissance impé-rialiste. D'où une plus grande attention aux questions du marché intérieur. (Voir, par exemple, l'ouvrage du Dr Heinrich Pudor : *Welt-wirtschaft und Inlandproduktion* dans *Zeitschrift für die gesamte Staatswissenschaft, hg. von K. Bücher, 71 Jahrg.* (1915, 1 *Heft.*) « Nous ne devons aspirer à une économie mondiale allemande que dans la mesure où notre production, notre industrie absorbe un nombre tou-jours plus grand de marchés étrangers et évince la concurrence étrangère. Alors, évidemment, le commerce mondial connaît égale-ment un développement parallèle. Mais la chose essentielle est la production intérieure », p. 147-148.

1. Harms, *l. c.*, 202, *Fussnote* ; voir également S. Schilder : *Ent-wicklungstendenzen der Weltwirtschaft*, Berlin.

ties de l'économie mondiale ; les domaines isolés se soudent, nationalement et économiquement, toujours plus étroitement, et la base de la production mondiale, dans sa nouvelle formule supérieure non-capitaliste, se développe à une allure de plus en plus accélérée.

Si la circulation des marchandises exprime un « changement matériel » dans l'organisme social économique du monde, par contre la circulation internationale de la population exprime surtout un déplacement du facteur principal de la vie économique : la force de travail. De même que dans les limites d'une économie nationale la répartition de la force de travail entre les diverses branches de la production est réglée par le taux du salaire qui tend à un niveau identique, de même dans le cadre de l'économie mondiale, le nivellement des différents taux de salaires s'opère au moyen des migrations. L'immense réservoir du Nouveau Monde capitaliste aspire l'excédent de population de l'Europe et de l'Asie, depuis les paysans paupérisés rejetés de l'économie rurale jusqu'à l' « armée de réserve » des chômeurs de l'industrie urbaine. C'est ainsi que, dans le monde entier, une concordance s'établit entre l'offre et la demande de « main-d'œuvre » dans la proportion voulue pour le Capital.

Pour donner une idée du côté quantitatif de ce processus nous citerons quelques chiffres.

Nombre des émigrants aux États-Unis		Nombre des étrangers en Allemagne	
1904........	812.870	1880........	276.057
1905........	1.026.499	1900........	778.737
1906........	1.100.735	1910........	1.250.873 [2]
1907........	1.285.349		
1914........	1.218.480 [1]		

Le nombre d'émigrants d'Italie était (en 1912) de 711.446 ; d'Angleterre et d'Irlande, de 467.762 ; d'Espagne (en 1911), de 175.567 ; de Russie, de 127.747, etc. [3]. A l'expatriation définitive qui se produit lorsque les ouvriers rompent avec leur pays et acquièrent une deuxième patrie,

---

1. D. LEWIN : *Der Arbeitslohn und die soziale Entwickelung*, Berlin, 1913, p. 141 ; J. FILIPPOV : *L'émigration*, p. 13. Le dernier chiffre est tiré de *The American Year Book*, 1914, p. 385.

2. LEWIN, *l. c.*, p. 141.

3. *Statistisches Jahrbuch für das Deutsche Reich*, etc.

vient encore s'ajouter l'émigration temporaire pour les travaux saisonniers. L'émigration italienne revêt en partie ce
caractère ainsi que l'exode en Allemagne des travailleurs
russes ou polonais au moment des travaux agricoles, etc.
Ces flux et reflux de la main-d'œuvre sont un des phénomènes du marché mondial du travail.

La circulation de la force de travail, considérée comme
un des pôles du régime de production capitaliste, a son
pendant dans la circulation du capital, qui représente
l'autre pôle. De même que, dans le premier cas, la circulation est régularisée par la loi du nivellement international
du taux du salaire, de même dans le second cas il se produit
un nivellement international du taux du profit. La circulation du capital qui, du point de vue du pays exportateur
de capital, est désignée ordinairement sous le nom d'exportation est régularisée par la loi du nivellement international
dans la vie économique contemporaine, à telles enseignes
que d'aucuns (par exemple, Sartorius von Waltershausen)
qualifient le capitalisme moderne de capitalisme exportateur. Pour le moment, nous nous bornerons à signaler les
principales formes et l'ampleur approximative de la circulation internationale des capitaux qui constitue un des éléments essentiels de l'internationalisation de la vie économique et du développement de l'économie mondiale. Les
deux principales formes d'exportation du capital sont :
1° son exportation en tant que capital-intérêt ; 2° en tant
que capital-profit.

Dans le cadre de cette classification, on peut encore
distinguer diverses formes et variétés. Au premier plan,
se placent les emprunts gouvernementaux et communaux.
Le formidable accroissement du budget de l'Etat, provoqué
tant par les complications survenues, en général, dans la
vie économique que par la militarisation de toute l'économie
nationale, suscite un besoin sans cesse grandissant d'emprunts extérieurs destinés à couvrir les dépenses. D'autre
part, le développement des grandes villes exige la mise en
œuvre d'une série de travaux (construction de chemins de
fer électriques, installation de l'éclairage électrique, cana-
lisation de toutes sortes, service de la voirie, chauffage

central, télégraphe et téléphone, aménagement des abattoirs, etc.) dont l'exécution nécessite de grosses sommes d'argent. La plupart du temps, on se les procure au moyen d'emprunts étrangers. La deuxième forme d'exportation de capital est le système de la « participation ». Un établissement industriel, commercial ou bancaire d'un pays A est propriétaire d'actions ou d'obligations dans un pays B. La troisième forme est le financement d'entreprises étrangères, la formation d'un capital en vue d'un but précis ; une banque finance une entreprise étrangère fondée par d'autres établissements ou par elle-même, ou bien une entreprise industrielle finance sa filiale, à laquelle elle donne la forme d'une société autonome ; ou bien encore une société financière spéciale finance des établissements étrangers [1]. La quatrième forme est l'ouverture de crédits *en dehors de tout but précis* (on recourt à cette forme lorsqu'il s'agit de « financement ») que les grandes banques d'un pays accordent aux banques d'un autre pays. Enfin la cinquième forme est l'achat d'actions étrangères, etc., *en vue de leur revente* (voir l'activité des banques d'émission.) A l'encontre des autres formes, celle-ci ne crée pas une relation durable d'intérêts.

C'est ainsi que par des canaux divers les capitaux d'une sphère nationale se déversent dans une autre, que l'interpénétration des capitaux nationaux s'accroît, que le capital s'internationalise. Il afflue dans les usines et les mines étrangères, dans les plantations et les chemins de fer, dans les compagnies maritimes et les banques, s'amplifie, cède au « pays d'origine » une part de plus-value qui pourra y circuler indépendamment, accumule ce qui reste de cette plus-value, élargit sans cesse la sphère de ses investissements, crée un réseau de plus en plus serré de dépendance internationale. Les chiffres ci-contre donnent une idée du côté quantitatif de ce processus.

---

1. Au sujet de ces compagnies consulter R. LIEFMANN : *Beteiligungs-und Finanzierungsgesellschaften*, 2ᵉ édition, Iéna, Gustav Fischer, 1913.

France [1]

Capital français investi à l'étranger (en milliards de francs)		Nature des investissements (en millions de francs)	
Russie	9-10	1. Entreprises commerciales	995,25
Angleterre	½	2. Propriété foncière	2.183,25
Belgique et Hollande	½	3. Banque et assurance	551
Allemagne	½	4. Chemins de fer	4.544
Turquie, Serbie, Bulgarie	½	5. Mines et industries	3.631
Roumanie et Grèce	3-4	6. Transport maritime, ports, etc.	461
Autriche-Hongrie	2	7. Emprunts gouvernementaux et autres	16.553,50
Italie	1-1 ½	8. Divers	936
Suisse	½		
Espagne et Portugal	3 ½		
Egypte et canal de Suez	3-4		
Argentine, Brésil et Mexique	2 ½-3		
Canada et Etats-Unis	½		
Chine et Japon	1		
Tunisie et colonies françaises	2-3		
Total	30-35 ½ [2]	Total	29.855 [3]

En 1902, Leroy-Beaulieu estimait à 34 milliards de francs [4] le montant des capitaux français investis dans les établissements et les emprunts étrangers. En 1905, ce chiffre atteignait 40 milliards de francs. La valeur globale (au cours officiel) des titres cotés à la Bourse de Paris était, en 1904, de 63.990 millions de francs de valeurs françaises et de 66.180 millions de francs de valeurs étrangères, et, en 1913, de 64.104 millions de francs pour les premières et de 70.761 millions de francs pour les secondes [5].

---

1. Chiffres de 1902.
2. HARMS, *l. c.*, 228-229 ; ISSAIEV : *L'économie mondiale*, p. 82-83.
3. Sartorius von WALTERSHAUSEN : *Das volkswirtschaftliche System der Kapitalanlage im Auslande*, p. 56.
4. *L'Economiste Français*, 1902, II, p. 449 (cité par Sartorius).
5. Sartorius von WALTERSHAUSEN, *l. c.*

Angleterre

Capitaux anglais investis à l'étranger en 1911		Émission anglaise de valeurs étrangères (chemins de fer d'État, emprunts miniers et emprunts de diverses corporations)	
Livres sterling		En millions de livres	
Etats-Unis	668.078.000	1892	49,9
Cuba	22.700.000	1893	29,9
Philippines	8.202.000	1894	52,2
Mexique	87.334.000	1895	55,2
Brésil	94.330.000	1896	56,1
Chili	46.375.000	1897	47,4
Uruguay	35.255.000	1898	59,8
Pérou	31.896.000	1899	48,2
		1900	24,2
Autres parties de l'Amérique	22.517.000	1901	32,6
Russie	38.388.000	1902	57,7
Turquie	18.320.000	1903	54,3
Egypte	43.753.000	1904	65,3
Espagne	18.808.000	1905	102,6
Italie	11.513.000	1906	61
Portugal	8.134.000	1907	68,9
France	7.071.000	1908	121,9
Allemagne	6.061.000	1909	121,9
Autres parties de l'Europe	36.317.000	1910	132,7 [1]
Japon	53.705.000		
Chine	26.809.000		
Autres investissements étrangers	61.907.000		
Total	1.347.473.000		
Colonies anglaises et Inde	1.554.152.000		
Total général	2.901.625.000		

En 1915, les capitaux anglais investis dans les entreprises étrangères et coloniales s'élevaient, selon les déclarations de Lloyd George, à 4 milliards de livres sterling.

Quant à l'Allemagne, les chiffres relatifs à l'émission de valeurs étrangères et aux titres étrangers admis à la cote des Bourses allemandes indiquent une diminution de ceux-ci (d'après le *Stat. Jahrb. f. d. D. R.* de 1913, la valeur nominale des titres cotés était, en 1910, de 2.242 millions de marks ; en 1911, de 1.208 millions de marks ; en 1912, de 835 millions de marks), mais cette diminution apparente de l'exportation de capital s'explique par le fait que les banques allemandes pratiquent de plus en plus l'achat des valeurs dans les Bourses étrangères, particulièrement dans

---

1. B. HARMS, *l. c.* p. 235.

celles de Londres, de Paris, d'Anvers, de Bruxelles, de même que par la « mobilisation financière du capital » en prévision de la guerre. Le total des capitaux investis à l'étranger atteint 35 milliards de marks environ.

Il faut encore mentionner le capital belge, dont le portefeuille étranger s'élève à 2 ¾ milliards de francs.

Voici la répartition des capitaux allemands et belges investis à l'étranger :

Allemagne

(en millions de marks)		(en millions de marks)	
Argentine ...	92,1	Luxembourg .	32
Belgique	2,4	Mexique	1039
Bosnie	85	Hollande ...	81,9
Brésil	77,6	Norvège	60,3
Bulgarie	114,3	Autriche	4021,6
Chili	75,8	Portugal	700,7
Danemark ..	595,4	Roumanie ..	948,9
Chine	356,6	Russie	3453,9
Finlande	46,1	Serbie	152
Gr.-Bretagne .	7,6	Suède	355,3
Italie*	141,9	Suisse	437,6
Japon	1290,4	Espagne	11,2
Canada	152,9	Turquie	978,1
Cuba	147	Hongrie	1506,3

Belgique

(en millions de francs)	
Etats-Unis ..	145,6
Hollande ...	70
France	137
Brésil	143
Italie	166
Egypte	219
Allemagne ..	244
Argentine ...	290
Congo	322
Espagne	337
Russie	441
Divers	338 [1]

Total: 2 ¾ milliards

Les Etats-Unis qui importent des capitaux en quantités considérables, en exportent à leur tour dans de très fortes proportions dans l'Amérique du Sud et l'Amérique centrale, au Mexique, à Cuba et au Canada.

Les fonds d'Etat de Cuba ont été les premiers à attirer l'attention des capitalistes américains. Les Américains possèdent à Cuba de vastes plantations. L'initiative américaine a pris une part active au développement de la République mexicaine, notamment à la construction et à l'exploitation des chemins de fer mexicains. Il est donc naturel que le 5 % et le 4 % aient été placés aux Etats-Unis [il s'agit d'emprunts s'élevant à 150 millions de dollars]. Sur ce même marché fut négocié le 4 % des Iles Philippines. Les Etats-Unis ont investi plus de 550 millions de dollars au Canada et plus de 700 millions au Mexique, etc. »

---

1. HARMS : *l. c.*, p. 242. SCHILDER : *Entwicklungstendenzen der Weltwirtschaft.*

2. M. BOGOLIÉPOV : *Le marché américain (Vestnik Finansov, n° 39, 1915).*

Même des pays comme l'Italie, le Japon, le Chili, etc., ont joué un rôle actif dans cet immense déplacement de capitaux. Bien entendu, la tendance générale du mouvement est indiquée par la différence dans le taux de profit (ou dans le taux d'intérêts) : plus un pays est développé, le taux du profit bas, la « reproduction » du capital intense, plus le processus d'élimination est violent. Et, inversement, plus le taux du profit est élevé, la composition organique du capital faible, la demande de capital forte, plus la force d'attraction est vive.

De même que la circulation internationale des marchandises égalise les prix locaux et nationaux dans les prix mondiaux, de même que les migrations tendent à niveler les différences nationales dans le salaire des ouvriers salariés, la circulation du capital tend à égaliser les taux nationaux du profit et n'est pas autre chose qu'une des lois générales du mode de production capitaliste dans son ampleur mondiale.

Il faut nous arrêter ici sur la forme d'exportation de capital qui se traduit par la « participation » aux entreprises étrangères et le financement de celles-ci. Dans le cadre de l'économie mondiale les tendances du développement capitaliste à la concentration revêtent les mêmes formes d'organisation que dans le cadre de l'économie nationale : les tendances à la limitation de la libre concurrence par l'organisation des monopoles agissent de plus en plus nettement. Or justement, dans le processus d'organisation des monopoles, la participation et le financement jouent un rôle très important. Si l'on examine la « participation » et ses différents degrés, en tenant compte du nombre d'actions acquises, on se fera une idée de la façon dont se prépare, par échelon, le processus de fusion totale. Un petit nombre d'actions permet de participer à l'assemblée des actionnaires, un plus grand nombre permet d'établir des rapports étroits (la question peut se poser d'une exploitation commune de nouvelles méthodes industrielles, de brevets, de marchés, etc.), d'où l'apparition d'une certaine communauté d'intérêts. Si les actions dépassent 50 % de l'émission totale, la participation fait place à la fusion intégrale. Enfin il arrive fréquemment qu'on fonde des filiales sous l'espèce de sociétés particulières dont les actions sont déposées dans la « Maison mère » [1]. Ce dernier phénomène se rencontre fréquemment lorsqu'il s'agit de liaisons internationales. Pour esquiver les effets des restrictions législatives d'un pays étranger, pour profiter des avantages dont jouissent les industriels de cette nouvelle « patrie », on procède à la fondation de filiales sous forme de sociétés anonymes indépendantes.

C'est ainsi que la fabrique de cellulose Waldhof à Mannheim possède [possédait, faudrait-il dire maintenant] une filiale russe à Pernov ; la fabrique de couleurs bronze, *Carl Schlenk A. G.* (Nuremberg) possède une filiale américaine de même que la *Varziner Papier-fabrik* a sa filiale américaine, la *Hammerwill Papier C°* ; la plus grande fabrique de fil de fer du continent, la *Westfälische Drahtindustrie,* possède une filiale à Riga, etc. En revanche, des compagnies étrangères ont des succursales en Allemagne et dans les autres pays. Mentionnons la Compagnie *Maggi* (Kempttal, Suisse) qui a des filiales à Kissingen et Berlin (Allemagne) et à Paris (*Compagnie Maggi et Société des Boissons hygiéniques*) [2].

En 1903, la firme américaine, *Westinghouse Electric C°* (Pittsburg) fonda une succursale dans les environs de Manchester (Angleterre); en 1902, le trust américain des allumettes, *Diamond Matsch C°*, par une participation croissante, absorba une entreprise à Liverpool, qui devint une succursale de l'entreprise américaine, etc. Nombreuses sont les chocolateries et confiseries suisses, les savonneries, usines métallurgiques et filatures anglaises, les usines de construction mécanique et usines métallurgiques américaines, etc. qui sont placées dans une situation analogue.

Mais il ne faut pas croire que la participation aux entreprises étrangères se limite là. En réalité, il y a un grand nombre de « participations » de toutes sortes, depuis la possession d'un nombre d'actions relativement restreint, notamment lorsque l'entreprise en question (commerciale, industrielle ou bancaire) « participe » à plusieurs établissements à la fois, jusqu'à la possession de la quasi-totalité

---

1. R. LIEFMANN : *Beteiligungs und Finanzierungsgesellschaften,* p. 47-48. Il faut mentionner que, dans certaines conditions, le « contrôle » comme la fusion peuvent s'opérer si même le nombre des actions est inférieur à 50 %.

2. R. LIEFMANN, *l. c.,* p. 49.

des actions. Le mécanisme de la « participation » consiste, pour la société intéressée, à émettre des actions et obligations, afin d'avoir les moyens d'acquérir les actions des autres établissements. Liefmann distingue trois aspects de cette « substitution d'actions » et les classe selon le but poursuivi par chaque société de substitution : 1° « sociétés de placement de capital » (*Kapitalanlagegesellschaften*), lorsque la « substitution des actions » a lieu pour tirer des dividendes d'établissements plus lucratifs et plus risqués ; 2° « sociétés d'interception d'actions » (*Effektenübernahmegesellschaften*), lorsque le but de la société est de placer des actions d'entreprises qui ne peuvent juridiquement ou pratiquement être écoulées dans le public ; 3° « sociétés de contrôle » (*Kontrollgesellschaften*), lorsque les actions de certains établissements sont achetées, retirées de la circulation et qu'à leur place on émet des actions de la société de contrôle, qui acquiert ainsi une influence sur ces établissements sans y apporter son capital. Le but ainsi poursuivi est précisément cette influence, ce contrôle, c'est-à-dire la mainmise effective sur les établissements en question.

Dans tous ces cas, les actions substituées sont supposées exister déjà. S'il faut les constituer pour la première fois, nous sommes alors en présence d'une opération de financement, dont les agents peuvent être, comme nous l'avons vu, des banques, des entreprises industrielles et commerciales, ou encore, des « établissements financiers » spéciaux. Si ce sont des établissements industriels qui financent, il s'agit généralement de la fondation de filiales à l'étranger étant donné que là, il est procédé, ordinairement, à la constitution d'un capital par actions.

Ces entreprises financières peuvent embrasser un vaste champ d'activité. Par exemple, l'entreprise de mécanique *Orenstein Koppel-Arthur Koppel A-G* a fondé 10 filiales, dont les principales se trouvent en Russie, à Paris, à Madrid, à Vienne, à Johannesburg (Transvaal) ; la maison *Körting* frères, de Hanovre, possède des filiales en Autriche, en Hongrie, en France, en Russie, en Belgique, en Italie, en Argentine ; de nombreuses fabriques allemandes de ciment ont des filiales en Amérique ; des fabriques de produits chimiques ont les leurs en Russie, en France et en Angleterre. Le financement des entreprises norvégiennes pour la fabrication de l'azote par des établissements étrangers prend une ampleur considérable. Les capitalistes norvégiens, français et canadiens ont constitué la *Norsk Hydro Elektrisk Kvälstofaktieselskab* (Société Norvégienne de l'Azote et des Forces Hydro-Electriques) qui a fondé à son tour deux établissements anonymes auxquels le capital allemand participe également. L'internationalisation de la production dans l'industrie électrotechnique a atteint le plus haut degré. La firme Siemens Halske a ses établissements en Norvège, en Suède, au Transvaal et en Italie ; elle a des filiales en Russie, en Angleterre, en Autriche ; la célèbre *Allgemeine Elektrizitätsgesellschaft* (en abrégé A.E.G.) possède des filiales à Londres, à Pétrograd, à Paris, à Gênes, à Stockholm, à Bruxelles, à Vienne, à Milan, à Madrid, à Berlin, dans des villes d'Amérique, etc.; la même activité est déployée par la *Thomson-Houston C°* et sa suppléante, la *General Electric Company*, la *Singer Manufacturing Company*, la *Dunlop Pneumatic Tyre C°*, etc. [1].

Il va sans dire que les grandes banques jouent un rôle particulièrement important dans le financement des entreprises étrangères. Il suffit de jeter un coup d'œil sur l'activité de ces établissements pour se rendre compte de là puissance des liaisons internationales de ces organisations nationales. Le bilan de la *Société Générale de Belgique*, pour 1913, évalue le montant de ses valeurs nationales à 108.332.425 francs et celui de ses valeurs étrangères à 77.889.237 francs. Ce dernier capital est investi dans des entreprises, des emprunts, etc. des pays les plus divers : Argentine, Autriche, Canada, Nouvelle-Calédonie, Russie, etc., etc. [2].

Les statistiques relatives à l'activité des banques allemandes sont particulièrement précises. Nous donnons ci-dessous les renseignements qu'elles fournissent sur les principales banques d'Allemagne qui ont la haute main sur les opérations de banque de ce pays.

---

1. LIEFMANN, *l. c.*, 99-104. Il va de soi que le financement peut ne pas seulement concerner des filiales. Ainsi la firme Knopp finance, en 1912 (de concert avec les firmes Vladimir Soloviev et Kraft frères), la *Manufacture de la Caspienne* (société anonyme), qui a acquis les biens d'un établissement, aujourd'hui liquidé, fondé au Daghestan par l'industriel moscovite Réchetnikov, le banquier sibérien Pétrokokino et la Banque de Paris et des Pays-Bas (*Birjévyé Viédomosti,* 15, IV, 1915).

2. La *Vie Internationale*, tome V, 1914, n° 5, p. 449 (publiée par *l'Office Central des Associations Internationales*, Bruxelles).

DIE DEUTSCHE BANK. — 1) A fondé la *Deutsche Ueber-seeische Bank*, qui possède 23 filiales : 7 en Argentine, 4 au Pérou, 2 en Bolivie, 1 dans l'Uruguay, 2 en Espagne, 1 à Rio-de-Janeiro ; 2) a fondé (de concert avec la *Dresdner Bank*) l'*Anatolische Eisenbahngesellschaft* (Société du chemin de fer ottoman d'Anatolie); 3) de concert avec la *Wiener-Bank-Verein*, a acheté des actions de la *Betriebsgesellschaft der orientalischen Eisenbahnen* ; 4) a fondé la *Deutsche Treuhandgesellschaft* ; 5) participe à la *Deutsch-Asiatische Bank à Changaï* ; 6) participe à la *Bank für Orientalische Eisenbahnen à Zurich* ; 7) participe à la *Banca Commerciale Italiana* (Milan) ; 8) participe à la *Deutsch-Atlantische, Ost-Europäische, Deutsch-Niederlandische Telegraphengesellschaft* ; 9) participe à la *Schantung-Bergbau* et à la *Schantung-Eisenbahngesellschaft* ; 10) participe (de concert avec des firmes turques, autrichiennes, allemandes, françaises, suisses, italiennes) à la Compagnie de l'Empire Ottoman du chemin de fer de Bagdad ; 11) a fondé l'*Ost-Afrikanische Gesellschaft* ; 12) particpe à la *Deutsch-Ost-Afrikanische Bank* ; 13) participe (de concert avec des firmes suisses et allemandes) à la *Zentral-Amerika Bank* (plus tard, *Aktiengesellschaft für überseeische Bauunternehmungen*); 14) participe à la banque *Güterbook, Horwitz et C°* (Vienne); 15) participe à la firme *Ad. Goerz* (mines de Berlin et de Johannesburg).

DISKONTO-GESELLSCHAFT. — 1) Participe à la *Deutsche Handels-und Plantagengesellschaft der Südseeinseln* et à la *Neu-Guinea Kompagnie*; 2) a fondé (de concert avec la *Nord-Deutsche Bank*) la *Brasilianische Bank für Deutschland* avec 5 filiales ; 3) participe, avec d'autres banques, à la *Deutsch-Asiatische Bank* ; 4) participe à la banque *Ernesto Tornquist* (Buenos-Aires) et à la banque *Albert de Bary et C°* (Anvers) ; 5) participe à la *Banca Commerciale Italiana* ; 6) a fondé (de concert avec la *Norddeutsche Bank*) la *Bank für Chile und Deutschland*, avec 8 filiales ; 7) a fondé (de concert avec la firme Bleichröder) la *Banca Generàle Romana* de Bucarest (6 filiales) ; 8) participe (avec plusieurs firmes) à la *Banque Internationale de Bruxelles;* 9) participe à la *Schantung-Eisenbahnges.* et à la *Schantung Bergbauges.*, ainsi qu'à une série d'établissements télégraphiques ; 10) a fondé la *Otavi-Minen-und Eisenbahngesellschaft* (Afrique); 11) a fondé l'*Ost-Afrikanische Eisenbahngesellschaft;* 12) participe à la *Deutsch-Ost-Afrikanische-Bank* ; 13) a fondé (avec la firme Bleichröder, une firme bulgare et la *Norddeutsche Bank*, la *Kreditna Banka* de Sofia; 14) a fondé (avec la maison Woermann de Hambourg) la *Deutsche Afrika-Bank;* 15) participe à la *General Mining and Finance Corporation Limited* de Londres; 16) a fondé (de concert avec d'autres firmes) la *Kamerun Eisenbahngesellschaft;* 17) a fondé, en 1900, une filiale à Londres; 18) de concert avec Krupp, a financé la *Grosse Venezuela*

Eisenbahn; 19) comme membre du consortium de banque Rothschild a participé à des emprunts d'Etat, de chemins de fer, etc., et à des entreprises en Autriche-Hongrie, en Finlande, en Russie, en Roumanie [1].

Analogue est l'activité déployée par les autres banques allemandes : la *Dresdner Bank*, la *Darmstädter Bank*, la *Berliner Handelsgesellschaft*, la *Schaffhausenscher Bank-verein* et la *Nationalbank für Deutschland*, qui ont aussi des filiales communes dans tous les pays du monde [2].

Il va sans dire que les banques allemandes ne sont pas seules à se livrer à l'étranger à cette intense activité. Les chiffres comparés montrent que, sous ce rapport, l'Angleterre et la France sont en tête. Tandis que le total des banques d'outre-mer à capital allemand était (au début de 1906) de 13 (représentant un capital de 100 millions de marks et 70 succursales), l'Angleterre comptait, à la fin de 1910, 36 banques coloniales avec succursales à Londres et 3.538 agences anglaises à l'étranger, ainsi que 36 autres banques anglaises à l'étranger avec 2.091 succursales. En 1904-1905, la France possédait déjà 18 banques étrangères et coloniales avec 104 succursales ; la Hollande, 16 banques d'outre-mer avec 68 succursales, etc. Certaines banques françaises font preuve de la même force économique à l'égard des colonies et de « l'étranger » Ainsi le *Crédit Lyonnais* avait, en 1916, 16 succursales à l'étranger et 11 en Tunisie et à Madagascar ; la *Société Générale* et le *Crédit Industriel* n'ont leur propre succursale qu'à Londres, mais possèdent par contre de multiples filiales à l'étranger [3].

La « participation », de même que le « financement », considéré comme une nouvelle phase de la « participation », caractérisent la marche de l'incessante intégration de l'industrie en un seul système d'organisation. Les récents types

---

1. Dr RIESSER : *Die Deutschen Grossbanken und ihre Konzentration in Zusammenhang mit der Entwicklung des Gesamtwirtschaft in Deutschland, 4e édition*, 1912, p. 354.

2. Consulter chez Riesser la rubrique : *Die gemeinsamen Tochtergesellschaften der deutschen Kreditbanken zur Pflege überseeischer und ausländischer Geschaftsbeziehungen*, dans l'ouvrage susmentionné, p. 371 et suiv.

3. *Ibid.* 375. Il faut signaler le rapide développement des banques allemandes ; à la fin de 1850, on en comptait 4 ; en 1903, 6 avec 32 succursales ; en 1906, 13 avec 70 succursales.

de monopole capitaliste, dans leurs formes les plus centralisées, come les trusts, ne sont qu'une des formes des « sociétés de participation » ou de « financement » dans la mesure où celles-ci : 1° détiennent plus ou moins une situation de monopole sous le régime actuel de propriété capitaliste, et 2° sont considérées et classées, du point de vue de la circulation des titres de valeurs, comme l'expression spécifique de la propriété capitaliste de notre époque.

Ainsi le développement du processus de l'économie mondiale, qui repose sur l'accroissement des forces productives, a pour effet non seulement de resserrer les rapports de production entre les différents pays, de multiplier et d'affermir les rapports capitalistes généraux, mais encore de faire naître de nouvelles formations économiques, de nouvelles formes économiques, inconnues aux époques précédentes du développement capitaliste.

Les linéaments du processus d'organisation qui caractérise le développement de l'industrie dans les cadres économiques nationaux apparaissent avec un relief de plus en plus accusé sur le plan des rapports de l'économie mondiale. Et de même que l'accroissement des forces productives sur la base capitaliste des économies nationales a abouti à la formation des cartels et des trusts nationaux, de même l'accroissement des forces productives du capitalisme mondial pose de plus en plus impérieusement la nécessité des ententes internationales entre groupes capitalistes nationaux, depuis les formes les plus élémentaires, jusqu'à la forme centralisée du trust international. Dans le chapitre suivant nous examinerons ces formations économiques.

CHAPITRE III

—

Formes d'organisation de l'économie mondiale

1. Structure anarchique de l'économie mondiale. — 2. Syndicats internationaux. — 3. Trusts internationaux. — 4. Consortiums bancaires internationaux. — 5. Caractère des organisations capitalistes internationales. — 6. Internationalisation de la vie économique et des intérêts capitalistes.

L'économie mondiale de notre époque se caractérise par une structure économique profondément anarchique. Sous ce rapport, on peut comparer la structure de l'économie mondiale actuelle à la structure des économies nationales, typique pour celles-ci, jusqu'au début du XX° siècle, tant que le processus d'organisation, si nettement accusé dans les dernières années du XIX° siècle, n'eut pas sérieusement modifié, en en rétrécissant les cadres, le « libre jeu des forces économiques », qui, jusqu'alors, ne se heurtait à aucune limitation. Cette structure anarchique du capitalisme mondial apparaît avec le maximum de relief dans deux circonstances : les crises industrielles mondiales et les guerres.

Grande est l'erreur des économistes bourgeois qui croient que la suppression de la libre concurrence et son remplacement par les monopoles capitalistes pourra mettre fin aux crises industrielles. Ils oublient qu'aujourd'hui l'activité économique de l'économie nationale repose sur l'économie mondiale. L'économie mondiale n'est pas une simple somme arithmétique d'économies nationales, pas plus que l'économie nationale n'est la somme des économies individuelles d'un Etat. Dans un cas comme dans l'autre, l'élément essentiel c'est la *liaison*, l'influence d'un milieu particulier, que Robertus appelait le « commerce économique », sans lequel il n'y a ni « ensemble réel », ni « système », ni économie sociale, mais seulement des unités économiques dispersées. C'est pourquoi, en admettant même que la libre concurrence soit complètement supprimée dans les limites des économies nationales, les crises industrielles ne disparaîtraient pas, puisque les liaisons chaotiquement établies entre ces corps économiques subsisteraient ; en d'autres termes, puisque la structure anarchique de l'économie mondiale demeurerait inchangée [1].

Ce qui a été dit des crises industrielles a trait également aux guerres. Dans la société capitaliste, la guerre n'est, en vérité, autre chose qu'une des méthodes de concurrence capitaliste, en tant que celle-ci opère dans la sphère de l'économie mondiale. Ainsi, la guerre est la loi immanente d'une société produisant sous la pression des lois aveugles du marché mondial qui se développe chaotiquement, et non d'une société régissant consciemment le processus de production et d'échange.

Cependant, malgré la structure généralement anarchique de l'économie mondiale contemporaine, le processus d'organisation y accuse certains progrès, qui se traduisent principalement par le développement des syndicats industriels, des cartels et des trusts internationaux. Nous donnerons tout d'abord un aperçu de ces formations toutes récentes.

Dans les TRANSPORTS les principaux cartels sont les suivants (nous ne parlons pas, bien entendu, des modifications provoquées par la guerre) : 1° *Seiling Shipowners Documentary Committee* (compagnies maritimes anglaises, allemandes, norvégiennes et danoises) ; 2° *Internationale Segelschiffahrts-Konvention* (voiliers anglais, allemands, danois, suédois et norvégiens) ; 3° *Baltic and White Sea Con-*

---

1. Les écrivains bourgeois commencent eux-mêmes à le comprendre. Voici ce que dit M. Goldstein : « Que les cartels et les trusts ne soient pas en état de supprimer les crises, c'est ce qui ressort du fait que le trust de l'acier, dans les mains duquel se trouvent, en comptant les entreprises affiliées, 90 % environ de la production de l'acier aux Etats-Unis, n'a pu exploiter qu'à moitié la capacité de rendement de ses usines, etc. (I. M. GOLDSTEIN : *Les Syndicats industriels et les trusts et la politique économique actuelle*, 2ᵉ édit., Moscou, 1912, p. 5). Consulter également Tougan-Baranovsky : *Les crises industrielles*.

ference, qui englobe 60 à 70 % du tonnage de la mer Baltique et de la mer Blanche (Allemands, Français, Hollandais, Anglais, Espagnols, Belges, Danois, Norvégiens, Suédois, Russes, Finlandais) ; 4° *Internationaler Küstenschiffahrtsverband*, Altona ; 5° *Nordatlantischer Dampferlinienverband* (Allemands, Américains, Belges, Français, Autrichiens) ; 6° *International Mercantil Marine Company*, ou *Morgan Trust* (formé principalement d'Américains, d'Anglais et d'Allemands); à la fin de 1911, ce consortium disposait de 130 vaisseaux de commerce, jaugeant 1.158.270 tonnes. Outre ces cartels d'un type plus ou moins élevé, il existe plusieurs ententes importantes qui réglementent le fret, les rabais, etc.

INDUSTRIE EXTRACTIVE ET MÉTALLURGIQUE. 1° *Internationales Trägerkartell* (syndicats de l'acier allemand, belge et français) ; 2° *Internationales Schienenkartell* (fabriques de matériel roulant allemandes, anglàises, françaises, belges, américaines, espagnoles, italiennes, autrichiennes et russes); 3° *Internationale Stahlkonvention* (trust de l'acier américain, Bethlehm Stell C°, et firme Krupp) ; 4°*Internationale Bleikonvention* (articles de plomb allemands, autrasliens, belges, américains, mexicains, anglais) ; 5° *Deutsch-Oesterreichischer Stahlgussverband*; 6° *Deutsch-Englische Ferromanganeisen-Konvention* ; 7° *Internationale Vereinigung von Ferrosiliziumwerke* (Norvège, Suède, Tyrol, Bosnie, Savoie, Allemagne) ; 8° *Internationales Metallplattensyndikat* (Allemagne et Autriche) ; 9° *Vereinigung des Zinkplattenfabrikanten* (Angleterre et Amérique ; très influent sur le marché mondial) ; 10° *Internationale Zinkkonvention* (Allemands, Belges, Français, Italiens, Espagnols, Anglais, Américains, représentant 92 % de la production européenne) ; 11° *Internationales Zinkhüttenverband* (Allemands, Français, Belges, Anglais); 12° *Internationales Drahtgeflechtekartell* (Allemands, Belges, Français, Anglais) ; 13° *Internationales Abkommen der Kupferdrahtziehereien ;* 14° *Deutsch-Englische Schraubenkonvention ;* 15° *Internationales Emaillekartell* (Allemagne, Autriche-Hongrie, France, Suisse, Italie) ; 16° *Internationales Turbinensyndikat* (composé surtout d'Allemands et de Suisses); 17° *Vereinigte Dampfturbinengesellschaft* (A.E.G. allemand, General Electric C° américaine, etc.) ; 18° *Automobiltrust* (Motor Trade Association, englobant presque tous les principaux ateliers de construction automobile d'Europe); 19° *Russich-Deutsch-Oesterreichisches Syndikat für landwirtschaftliche Geräte* ; 20° *Internationale Veireinigung von Eisenwarenhändlerverbänden* (Allemagne, Angleterre, France, Autriche-Hongrie, Suisse, Belgique); 21° *Internationaler Verband der Korsettschliessen und Federnfabriken* (groupant la quasi-totalité des principales fabriques).

Dans l'industrie de la PIERRE et de l'ARGILE, on compte 6 grands cartels internationaux.

Dans l'industrie ÉLECTRIQUE nous avons déjà vu que le processus d'internationalisation de la production est très avancé. C'est ce qui explique l'existence de vastes ententes internationales. Les plus importantes sont l'entente entre 1° l'*A.E.G.* allemande, la *General Electric C°* américaine et la Compagnie anglo-française *Thomson-Houston*, qui disposent de tout un réseau d'établissements dans les diverses parties du monde ; 2° *Internationales Galvanosteginsyndikaf;* 3° *Verkaufstelle Vereinigtes Glühlampenfabriken* (Allemagne, Autriche-Hongrie, Suède, Hollande, Italie, Suisse). Il existe en outre toute une série d'ententes spéciales de banques pour le financement des entreprises électriques, etc.

Dans l'industrie CHIMIQUE, la « cartellisation » internationale a pris une grande ampleur dans plusieurs branches spéciales. Les cartels les plus importants sont : 1° *Internationales Chlorkalkkartell* (Allemagne, France, Belgique Angleterre, Etats-Unis) ; 2° *Internationales Leimkartell* (fabriques de colle en Autriche-Hongrie, en Allemagne, en Hollande, en Belgique, en Suède, au Danemark, en Italie, comptoir de vente à Londres) ; 3° *Internationales Boraxkartell* (Allemagne, Etats-Unis, France, Autriche-Hongrie, Angleterre) ; 4° *Internationales Verband der Seidenfärbereien* (syndicats de teinturiers allemands, suisses, français, italiens, autrichiens et américains); 5° *Internationales Karbidsyndikat* (englobant *toutes* les usines européennes); 6° *Internationales Pulverkartell;* 7° *Deutsch-Oest. Superphosphatkartell;* 8° *Kartell der Belgisch-Holländischen Olein-*

produzenten; 9° *Int. Verkaufsvereinigung für Stickstoff-dünger* (fabriques d'azotates allemandes, norvégiennes, italiennes, suisses); 10° *Internationales Kerosinkartell* (Standard Oil C° et compagnies russes); 11° *Verband Deutsch-Oesterreichisch-Italienischer Kipsgerber und Kipshändler ;* 12° *Int. Salpetersyndikat* (salpêtre); 13° *Int. Koalinverkauf-syndikat* (austro-allemand) ; 14° *Europäische Petroleum Union* (Allemands, Anglais, Suisses, Hollandais, Belges, Autrichiens, Danois, Américains, pétroliers d'Asie-Mineure).

Dans le TEXTILE, les ententes internationales touchent surtout à des branches spéciales : 1° *The International Federation of Master Cotton Spinners and Manufacturers Associations* (représentants de l'industrie européenne continentale et américaine) ; 2° *Deutsch-Oest. Kravattenstoffkartell;* 3° *Intern. Samtindustriesyndikat* (englobant toutes les manufactures de velours allemandes et françaises); 4° *Kunstseide-Verkaufskontor* (manufactures de soie artificielles allemandes et belges); 5° *Int. Cotton Mills Corporation* (Etats-Unis et autres pays d'Amérique); 6° *Konvention der deutschen und schweizerischen Seidencachenezfabrikanten;* 7° *Verband der Deutsch-Schweiz. Cachenez-und Cravattenfabrikanten;* 8) *Oesterr.Deutsches Jutekartell;* 9) *Int. Verb. Kratzenfabriken* (Allemagne, Luxembourg, Belgique, Hollande, Autriche-Hongrie, Suède, Norvège, Danemark, pays balkaniques; 10° *Int. Nähseide-Konvention* (entreprises autrichiennes, belges, russes, espagnoles et anglaises); 11° *Int. Vereinigung der Flacks-und Werggarnspinner* (englobant presque toutes les principales filatures de coton de l'Europe); 12° *Internationales Kartell der Schappespinner.*

Dans la VERRERIE et la PORCELAINE, le plus important cartel est l'*Europäischer Verband der Flaschenfabriken* (syndicat des bouteilles ayant des ramifications dans presque tous les pays); en outre, il existe encore plusieurs cartels du verre et de la porcelaine.

Dans l'industrie du PAPIER, on compte 7 grands cartels internationaux.

En outre, on connaît une dizaine d'ententes dans 6

branches différentes d'industrie (caoutchouc, ébénisterie, liège, cacao, etc.) [1].

Outre les cartels susmentionnés, il existe une centaine de trusts internationaux (fusion et contrôle). Nous nous bornerons à en énumérer quelques-uns des plus importants, parmi ceux qui exercent l'influence économique la plus forte sur le marché mondial.

Ainsi, nous avons la *Standard Oil Company of New-Jersey*, qui détenait, en 1910, les actions de 62 compagnies (parmi lesquelles l'*Anglo-American Oil C°*, la *Deutsch-Amerikanische Petroleumgesellschaft*, la *Romana Americana*) et qui était liée à un grand nombre d'entreprises et de compagnies (hollandaises, allemandes, françaises, suédoises, italiennes, russes, suisses, etc.) [2]. Ce trust « contrôle » l'*Amalgamated Copper Company*, qui cherche à conquérir le monopole dans l'industrie du cuivre. Viennent ensuite l'*United States Steel Corporation*, la plus importante « société de contrôle » du monde; la *Reismühlen-und Handelsaktiengesllschaft*, de Barmen, avec la participation de capitaux de firmes étrangères s'élevant à 6.039.344 marks [3] ; l'*Internationale Bohrgesellschaft;* la *Nobel Trust Company ;* plusieurs trusts internationaux dans l'industrie du naphte ; le trust de la banane, fondé par *Boston Fruit C°* et *Tropical Trading and Transport C°* ; le trust de la viande ; le trust du fil, auquel préside la firme anglaise *J. and P. Coats Ltd ;* la *Société Centrale de la Dynamite;* la *Compagnie générale des conduites d'eau* (Liège), qui « contrôle » des entreprises à Utrecht, à Barcelone, à Paris, à Naples, à Charleroi, à Vienne ; le *Trust métallurgique belge-français*, etc. [4].

Derrière tous ces cartels et trusts se tiennent généralement des entreprises qui les financent, principalement

---

1. Nous avons relevé la liste des cartels internationaux dans l'ouvrage de Harms, que nous avons déjà cité, p. 254 et suivantes. Nous la donnons ainsi que les renseignements contenus dans cet ouvrage sur les trusts et les consortiums de banque internationaux, surtout parce que, autant que nous sachions, rien n'a été publié en langue russe à ce sujet.

2. LIEFMANN, *l. c.*, p. 249 et suivantes.

3. *Ibid.*, p. 275.

4. KOBATSCH, *l. c.* ; LIEFMANN, *l. c.* ; HARMS, *l. c.*

des banques. Ce processus d'internationalisation, dont l'échange international est la forme la plus primitive, et le trust international le degré d'organisation le plus élevé, a provoqué une très sérieuse internationalisation du capital bancaire, qui se transforme en capital industriel (par le financement d'établissements industriels) et qui constitue, de la sorte, une catégorie spéciale de capital financier.

Le capital financier est, à coup sûr, la forme de capital la plus pénétrante qui, comme la nature, souffre de ce que l'on appelait jadis l'*horror vacui* et éprouve le besoin de combler chaque « vide », que ce soit dans les régions « tropicales », « tempérées » ou « polaires », pourvu que le profit coule en quantité suffisante. Pour illustrer l' « aide » amicale que les grandes banques nationales s'accordent mutuellement, nous produirons quelques exemples sur la fondation des vastes consortiums de banques internationaux.

En 1911, à Bruxelles, un trust financier, la *Société financière des valeurs américaines*, fut fondé pour financer des entreprises américaines. Participèrent à la fondation : la *Deutsche Bank* et la *Warburg C°* (Hambourg), la *Société Générale* de Bruxelles, la *Banque de Bruxelles*, la *Banque de Paris et des Pays-Bas*, la *Société Générale pour favoriser l'industrie nationale* (Paris), la *Société Française de banques et de dépôts*, la *Banque Française pour le Commerce et l'Industrie, Kuhn Loeb C°*, (New-York), etc., c'est-à-dire les principales banques du monde [1]. La *Deutsche Bank*, qui entre dans le trust financier susmentionné, fonde d'autre part, de concert avec la *Schweizerische Kreditanstalt* et la firme *Speyer-Ellisen, Aktiengesellschaft für ueberseeische Bauunternehmungen* (Société anonyme pour constructions d'outre-mer), des succursales pour la vente du pétrole dans plusieurs pays, entre en liaison avec la compagnie russe *Nobel*, participe intimement à l'*Union européenne du Pétrole* [2]. Au cours de ces dernières années un consortium de banque (*Consortium Constantinopel*) s'est constitué, à Bruxelles, pour financer des entreprises de Constantinople.

---

1. LIEFMANN, *l. c.*, p. 174.
2. *Ibid*, p. 456-486.

Ont participé à la fondation : la *Deutsche Bank*, la *Schaff-hausenscher Bankverein*, la *Nationalbank*, la *Société Géné-rale* (Paris), la *Banque de Paris*, le *Comptoir National*, la *Schweizerische Kreditanstalt*, la *Bank für elektrische Unter-nehmungen*. En Belgique, une banque spéciale pour les che-mins de fer, la *Banque belge de chemins de fer*, se fonde avec l'aide de la *Banque de Paris et des Pays-Bas*, la *Wiener Bankverein*, la *Schweizerische Kreditanstalt*, la *Société Gé-nérale des chemins de fer économiques*, la *Deutsche Bank*, la *Dresdner Bank*, etc., c'est-à-dire un consortium bancaire international. Citons encore un exemple : dans le syndicat industriel russe *Prodamet*, « travaillaient » 4 groupes de banques « nationales » : groupe russe (*Banque Commerciale d'Azoff, Banque de Commerce Internationale de Saint-Pé-tersbourg, Banque Russe pour le Commerce extérieur, Banque Russo-Asiatique et Banque du Commerce de Var-sovie*); groupe français (*Crédit Lyonnais, Banque de Paris et des Pays-Bas, Société Générale*) ; groupe allemand (*Deutsche Bank, Bank für Handel und Industrie et Dresdner Bank*); groupe belge (*Crédit Général à Liége, Société Géné-rale de Belgique, Nagelmärkers fils à Liège*) [1].

Qu'on ne croie pas que ce sont là des cas exceptionnels. Toute la vie économique en est remplie. Entreprises colo-niales et exportation de capital dans les autres continents, construction de chemins de fer et emprunts gouvernemen-taux, tramways urbains et fabriques d'armes, mines d'or et plantations de caoutchouc, tout cela est étroitement lié à l'activité des consortiums bancaires internationaux. Les liens économiques internationaux ont des ramifications infi-nies, passent par des milliers d'embranchements, s'enche-vêtrent dans des milliers d'écheveaux pour se centraliser, en fin de compte, dans les ententes des principales banques du monde, qui étendent leurs tentacules sur toutes les par-ties du globe. Le capitalisme financier mondial et la domi-

---

1. ZAGORSKY : *Syndicats et trusts*, p. 230. Nous n'avons mentionné que les ententes économiques internationales privées. Nous supposons que le lecteur est au courant des ententes d'État qui jouent un rôle économique très important (comme l'*Union Postale Internationale*, la *Convention des chemins de fer*, etc.).

nation internationalement organisée des banques est un des faits immuables de la réalité économique.

Toutefois, il ne faut pas exagérer l'importance des organisations internationales. Leur influence, au regard de l'immensité de la vie économique du capitalisme mondial, n'est pas aussi puissante qu'on pourrait le croire tout d'abord. Plusieurs d'entre elles (il s'agit, en l'occurrence, des syndicats industriels et des cartels) sont uniquement des ententes pour la répartition des marchés (*Rayonierungskartelle*) ; dans une série d'autres subdivisions de la production sociale, elles n'embrassent que des branches industrielles très spéciales (il en est ainsi, par exemple, d'un des plus puissants syndicats : le syndicat des bouteilles); beaucoup manquent de solidité. Seules les ententes internationales fondées sur un monopole naturel font preuve de plus de stabilité. Néanmoins, il y a tendance à un accroissement incessant de ces organisations internationales, et on ne peut pas ne pas en tenir compte quand on analyse le développement de l'économie mondiale moderne [1].

Nous avons suivi les principales tendances du développement de l'économie mondiale, depuis le commerce d'échange jusqu'à l'activité des consortiums bancaires internationaux. Dans la multiplicité et la complexité de ses formes, ce processus est un processus d'internationalisation de la vie économique, de rapprochement des divers points géographiques du développement économique, de nivellement des éléments capitalistes, d'antagonisme croissant de la propriété concentrée de la classe capitaliste avec le prolétariat mondial. Cependant, il ne s'ensuit pas que l'évolution sociale soit entrée dans une ère de coexistence plus ou moins harmonieuse des Etats « nationaux ». L'internationalisation de la vie économique n'est pas l'internationalisation des intérêts capitalistes. Un économiste hongrois le constate très justement à propos d'un ouvrage du pacifiste

---

1. Sartorius von Waltershausen estime que le rôle des organisations internationales est des plus minces. Consulter l'ouvrage indiqué, p. 150. La formation et l'existence de sociétés internationales avec une direction centralisée de la production ne paraît pas probable. Mais, évidemment, on doit s'attendre à voir des ententes se conclure entre les grandes unions nationales pour délimiter les « débouchés ». Harms développe un point de vue diamétralement opposé.

anglais Norman Angell. « Il [Norman Angell] n'oublie qu'une chose : l'existence des classes en Allemagne comme en Angleterre. Ce qui, pour l'ensemble du peuple, peut être superflu, inutile, voire nuisible, peut être pour certains groupes (gros financiers, cartels, bureaucratie, etc.) d'un très grand profit[1]. » Il est évident que l'on peut étendre cette conception à tous les Etats puisque leur structure de classe n'est pas douteuse, tout au moins du point de vue purement scientifique. C'est pourquoi, ceux-là seuls qui n'aperçoivent pas les contradictions du développement capitaliste, qui prennent béatement l'internationalisation de la vie économique pour une *Internationale der Tatsachen*, c'est-à-dire, l'internationalisation anarchique pour une internationalisation organisée, — ceux-là seuls peuvent croire en la possibilité d'une fusion harmonieuse des groupes capitalistes nationaux en une « unité supérieure » du capitalisme mondial. En réalité, tout se passe avec infiniment plus de difficultés que ne se l'imaginent les optimistes opportunistes. L'internationalisation de la vie économique peut aggraver et aggrave au plus haut degré l'antagonisme qui règne entre les intérêts des différents groupes nationaux de la bourgeoisie. En réalité, le développement de l'échange international n'implique nullement un accroissement de la « solidarité » des groupes qui échangent. Au contraire, il peut être accompagné d'un accroissement de la concurrence la plus âpre et d'une lutte à mort. Il en est de même de l'exportation de capital. Dans ce domaine encore, il est loin d'y avoir toujours « communauté d'intérêts ». Là, la concurrence pour la possession des sphères d'investissement de capital peut devenir féroce. Dans un cas seulement, la solidarité d'intérêts s'affirme. C'est lorsqu'il s'agit de la coparticipation et du cofinancement, c'est-à-dire, lorsque, grâce à la possession commune de titres de valeurs, il se crée sur un seul et même objet une propriété collective des capitalistes de différents pays. Il se forme alors effecti-

---

1. Erwin SZABO : *Krieg und Wirtschaftsverfassung (Archiv für Sozialwissenschaft und Sozialpolitik*, publié par Jaffé, 39ᵉ tome, 3ᵉ fascicule, p. 647-648.

vement une véritable Internationale dorée [1], où il n'y a pas simplement similitude, ou parallélisme, mais unité d'intérêts. Mais, parallèlement à ce processus, le développement économique crée, automatiquement, une tendance inverse à la nationalisation des intérêts capitalistes. Et la société tout entière, placée sous le talon de fer du capital mondial, au milieu de tourments inouïs, dans le sang et dans l'ignominie, paye tribut à cet antagonisme.

On ne peut juger des perspectives du développement qu'en partant de l'analyse de toutes les tendances fondamentales du capitalisme. Et si l'internationalisation des intérêts capitalistes ne fait qu'exprimer un côté de l'internationalisation de la vie économique, il est nécessaire d'en examiner l'autre côté : le processus de nationalisation des intérêts capitalistes qui traduit le plus manifestement l'anarchie de la concurrence capitaliste dans le cadre de l'économie mondiale, qui achemine aux violentes commotions et aux catastrophes, à une immense déperdition d'énergie et qui pose impérieusement le problème de l'organisation de nouvelles formes de vie sociale.

Nous voici donc amenés à analyser le processus de nationalisation du capital.

---

1. Que pensent les idéologues de la bourgeoisie contemporaine de cette « Internationale dorée » (pour autant qu'il ne s'agit pas, bien entendu, d'opposer les « couches supérieures » aux « couches inférieures »), c'est ce que montrent les paroles suivantes de Sartorius : « L'Internationale dorée » ne pourra jamais constituer un idéal pour l'homme qui a une patrie et qui croit que dans cette patrie plongent les racines de son existence » (*loc. cit.*, p. 14). Cela montre que le processus d'internationalisation des intérêts capitalistes est relativement faible.

DEUXIÈME PARTIE

L'économie mondiale
et le processus de nationalisation
du capital

CHAPITRE IV

La structure interne des économies nationales
et la politique douanière

1. Les « économies nationales », embranchements des biens économiques mondiaux. — 2. Développement des monopoles. Cartels et trusts. — 3. Concentration verticale. Entreprises combinées. — 4. Rôle des banques et transformation du capital en capital financier. — 5. Banques et concentration verticale. — 6. Entreprises étatiques et communales. — 7. Ensemble du système. — 8. Politique douanière du capital financier et expansion capitaliste.

Comme nous l'avons vu précédemment, l'économie mondiale offre l'aspect d'un immense réseau enchevêtré de liens économiques les plus divers, basés sur les rapports de production considérés dans leur ampleur mondiale. Ces liens économiques, qui relient la multitude des économies individuelles, se resserrent, deviennent plus denses, si nous nous mettons à examiner les économies nationales dans le cadre de l'économie mondiale, c'est-à-dire les liens économiques qui existent dans les limites des unités d'Etat. Il n'appert nullement de cette constatation que le principe étatique joue une sorte de rôle créateur spécifique en faisant surgir de lui-même les propres formes de la vie économique nationale. Il ne s'agit pas non plus d'une sorte d'harmonie préétablie entre la « société » et l' « Etat ». L'explication en est beaucoup plus facile. Le processus même de constitution des Etats modernes, en tant que forme politique déterminée, a été engendré par des besoins et des nécessités économiques. L'Etat s'est développé sur le fondement économique et n'a été que l'expression de la liaison économique. La cohésion étatique n'a été que l'expression de la cohésion économique. Comme toute forme vivante, l'économie nationale subit et subissait un processus incessant de transfiguration interne. Les mouvements moléculaires qui suivaient parallèlement le développement des forces productives, modifiaient constamment la position des corps économiques nationaux isolés les uns des autres, c'est-à-dire influaient sur les rapports entre les parties séparées de l'économie mondiale en formation. Notre époque engendre des rapports exceptionnels. La destruction totale des anciennes formes économiques conservatrices, qui commença avec l'apparition des premiers embryons du capitalisme, est pourtant un fait indubitable. Mais en même temps, cette élimination organique de concurrents plus faibles dans le cadre des économies nationales (ruine des métiers, disparition des formes intermédiaires, développement de la grosse industrie, etc.), fait place aujourd'hui à une période critique de lutte âpre d'adversaires formidables sur le marché mondial. Il en faut chercher les causes, avant tout, dans les transformations internes qui se sont produites dans la structure des capitalismes nationaux et qui ont amené des bouleversements profonds dans leurs rapports.

Ces transformations se manifestent, en premier lieu, *par la formation et l'expansion extraordinairement rapide des monopoles capitalistes* : cartels, syndicats industriels, trusts, consortiums de banques [1].

---

1. Nous ne pouvons nous livrer dans cet ouvrage à une explication détaillée des différences qui existent entre ces formes ; étant donné la tâche que nous nous sommes assignée, il suffit de dire que nous ne voyons pas de différence de principe entre le cartel et le trust,

Nous avons vu quelle est la force de ce processus dans le domaine international. Or sa force est infiniment plus grande dans le cadre des économies nationales. Comme nous le verrons plus loin, la cartellisation nationale de l'industrie est précisément un des principaux facteurs d'agglomération nationale du capital.

Le processus d'organisation des monopoles capitalistes est la suite logique et historique du processus de concentration et de centralisation. De même que sur les débris du monopole féodal est née la libre concurrence des artisans qui a conduit au monopole de la classe capitaliste sur les moyens de production, de même la libre concurrence dans la classe capitaliste fait place de plus en plus à la limitation de cette concurrence et à la formation d'économies gigantesques qui monopolisent la totalité du marché national. En aucune façon ces économies ne peuvent être considérées comme des phénomènes « anormaux » ou « artificiels » dus à des encouragements de l'Etat, comme par exemple les droits de douane, les tarifs de chemins de fer, les primes, les commandes ou les subsides gouvernementaux, etc. Certes, toutes ces « causes » ont contribué à accélérer le processus, mais elles n'en ont pas été et n'en sont pas davantage la condition nécessaire. Par contre, un certain degré de concentration de l'industrie en est la condition *sine qua non*. Ainsi, plus les forces productives d'un pays sont développées, plus les monopoles sont puissants. Sous ce rapport, un rôle spécial a été joué par le système

---

celui-ci n'étant pour nous qu'une forme plus centralisée d'un seul et même objet. Toutes tentatives (purement formelles) (v., par ex., Eduard Heilmann : *Ueber Individualismus et Solidarismus in der Kapitalistischen Konzentration*, Archives Jaffé, t. 39, 3ᵉ fascicule) d'établir une différence de principe entre le trust « autocratique » et le syndicat (ou cartel) « démocratique » ne changent en rien le fond des choses qui découle du rôle de ces organisations dans l'économie sociale. Il ne s'ensuit pas, cependant, que rien ne les différencie, et de ce point de vue il est bon d'établir cette différence. Or, de toute façon, elle ne consiste pas à opposer un principe « démocratique » à un principe « autocratique ». Voir à ce sujet l'ouvrage de Hilferding : le *Capital Financier*. En deux mots, cette différence se traduit par le fait que « à l'inverse de la trustisation, la cartellisation n'amène pas la disparition des antagonismes entre les entreprises isolées adhérant au cartel » (HILFERDING : *Organisationsmacht und Staatsgewalt, Neue Zeit*, 32ᵉ année, t. II, p. 140 et suiv.)

d'entreprises anonymes qui a singulièrement facilité l'investissement de capital dans la production et qui a fait surgir des entreprises d'une ampleur sans précédent. Il est très compréhensible que le mouvement de « cartellisation » ait à sa tête deux pays qui ont occupé avec une célérité fébrile les premières places sur le marché mondial : les Etats-Unis et l'Allemagne.

Les Etats-Unis sont un exemple classique du développement économique moderne. Quant à la forme la plus centralisée des monopoles — les trusts — elle y a poussé de profondes racines. Le tableau ci-dessous donne une idée claire de la formidable puissance économique des trusts — des principaux trusts notamment — comme du processus de leur développement.

D'après les chiffres de Moody, l'accroissement des trusts pour la période de 1907 à 1908 a été le suivant :

CLASSIFICATION des TRUSTS	Nombre de Sociétés de contrôle et de Sociétés acquises	1907 Montant des capitaux en actions et obligations en dollars)	Nombre de Sociétés de contrôle et de Sociétés acquises	1908 Montant des capitaux en actions et en obligations (en dollars)
Sept principaux trusts industriels	1.524	2.662.752.100	1.638	2.708.438.754
Trusts industriels de moindre importance .	3.426	4.055.039.433	5.038	8.243.185.000
Trusts en cours de réorganisation	282	528.551.000	—	—
Total des trusts industriels	5.232	7.246.342.533	6.676	10.951.623.754
Entreprises concessionnaires	1.336	3.735.456.071	2.599	7.789.39
Groupe des principaux chemins de fer.....	1.040	9.397.363.907	745	12.931.154.010
Total..........	7.608	20.379.162.511	10.020	31.672.171.364[1]

1. Prof. NAZAREVSKY : *Esquisse de l'histoire et de la théorie de l'économie collective capitaliste. Syndicats industriels et entreprises combinées*, t. I, 1re partie, « Esquisse de l'histoire de l'unification de l'industrie américaine », Moscou, 1912, p. 318-319.

D'après le *Poors Manuel of Corporations* et le *Poors of Railroads* de 1910, le deuxième chiffre du total s'élève à 33,3 milliards de dollars [1]. Dès 1900, la part des trusts dans la production nationale était très élevée. Elle atteignait dans l'industrie textile 50 % de la production globale; dans la verrerie, 54 %; dans l'industrie du livre et du papier, 60 %; dans l'alimentation, 62 %; dans l'industrie des spiritueux, 72 %; dans la métallurgie (sauf le fer et l'acier), 77 %; dans l'industrie chimique, 81 %; dans la fabrication du fer et de l'acier, 84 % [2]. Depuis, elle a sensiblement augmenté du fait qu'aux Etats-Unis le processus de concentration et de centralisation s'opère à une allure prodigieuse. « Seuls, quelques hommes au courant du récent développement de l'organisation financière de la grande industrie et des branches commerciales, peuvent se faire une idée de la concentration gigantesque et de la domination dont font l'objet les grandes entreprises combinées et différenciées qui englobent fréquemment des forces productives sortant du cadre d'une économie nationale isolée » [3]. Faute de place, nous ne pouvons, dans cet ouvrage, donner même la simple énumération des principaux trusts existant dans les diverses branches. Bornons-nous à signaler qu'en tête du mouvement opèrent deux trusts immenses : le trust du pétrole (*Standard Oil C°*) et le trust de l'acier (*United States Steel Corporation*), qui correspondent à deux groupes financiers : Rockefeller et Morgan.

On observe, en Allemagne, un mouvement analogue du grand capital. En 1905, les statistiques officielles mentionnaient 385 cartels dans les diverses branches de la production [4]. Le théoricien et l'organisateur bien connu du

---

1. *Ibid.* Consulter également Georges Renard et A. A. Dulac : *L'évolution industrielle et agricole depuis cent cinquante ans*, Paris, 1912, p. 204.

2. I. GOLDSTEIN : *Les Syndicats industriels, les Trusts et la Politique économique contemporaine*, Moscou, 1912, p. 51.

3. Eugen von PHILIPPOWICH : *Monopole und Monopolpolitik* (Grünberg's Archiv für die Geschichte des Sozialismus und der Arbeiterbewegung, 6e année, 1915, 1er fascicule, p. 158).

4. LIEFMANN : *Kartelle und Trusts.*

mouvement de « cartellisation » en Allemagne, le docteur Tschierschky, évalue de 550 à 600 le nombre des cartels allemands [1]. Les plus importants sont deux syndicats industriels : le Syndicat houiller du Rhin et de la Westphalie (*Rheinisch-Westfälisches Kohlensyndicat*) et le Syndicat de l'Acier (*Stahlwerksverband*). D'après les chiffres de Raffalovitch, le premier a produit, en 1905, dans le bassin de Dortmund, 85 millions de tonnes de houille, tandis que tous les outsiders réunis (c'est-à-dire ceux qui n'appartiennent pas au syndicat) n'en ont produit que 4.200.000 (4,9 %) [2]. En janvier 1913, la production de houille du syndicat s'élevait à 92,6 % de la production totale du bassin de la Ruhr et à 54 % de la production nationale. Le Syndicat de l'Acier porta à 43-44 % sa part dans la production du pays. Le Syndicat du Sucre (raffineries), qui englobe 47 entreprises, donne un chiffre très élevé (70 % de la vente intérieure et 80 % de la vente extérieure) [3]. Le trust de l'électricité, détenu par les deux trusts Siemens-Schuckert et A.E.G.) représente 40 % de toute l'énergie produite, etc.

Dans les autres pays, les monopoles n'ont pas cette ampleur, mais pris dans un sens absolu, et non par rapport aux Etats-Unis ou à l'Allemagne, le processus de « syndicalisation » y est très important.

En France, il existe un grand nombre de syndicats industriels dans la métallurgie, l'industrie du sucre, la verrerie, l'industrie du papier, l'industrie pétroléenne, l'industrie chimique, le textile, l'industrie de la pierre, etc. Les plus importants sont : le *Comptoir de Longwy*, qui écoule presque toute la fonte fabriquée en France; le *Syndicat du Sucre*, dont l'hégémonie sur le marché est presque complète; la *Société Générale des Glaces de Saint-Gobain*, qui exerce également un monopole presque complet, etc. Il faut encore mentionner une série de syndicats agricoles, avec lesquels les associations agricoles sont en rapports

---

1. Dr Tschierschky : *Kartell und Trust*, Leipzig, 1911, p. 52.
2. A. Raffalovitch : *Les syndicats et les cartels en Allemagne en 1910.* (*Revue internationale du commerce, de l'industrie et de la banque*, numéro du 30 juillet 1911).
3. Voir Martin Saint-Léon : *Cartels et Trusts*, 3e édition, Paris 1909, p. 56.

étroits [1], ainsi que de grandes unions dans l'industrie des transports. Trois compagnies maritimes (*Compagnie Générale Transatlantique, Messageries Maritimes et Chargeurs Réunis*, groupent 41,25 % de toute la marine marchande de la France [2].

En Angleterre, où pendant pas mal de temps, pour de multiples raisons, le mouvement de formation des monopoles fut très faible, malgré la grande concentration de l'industrie, la trustisation de l'industrie (*amalgamations, associations, investment trusts*) a fait, au cours de ces dernières années, d'immenses progrès. Le libre échange anglais est aujourd'hui du domaine de l'histoire (nous verrons plus bas que, même sous le rapport de la politique économique extérieure, la libre concurrence, c'est-à-dire la politique du libre échange passe de plus en plus à l'arrière-plan). Ce n'est que par ignorance que l'on citerait aujourd'hui l'Angleterre comme l'incarnation d'un régime économique spécifique. A titre d'exemple, nous énumérerons quelques trusts : le trust du ciment de Portland (*Association Portland Cement Manufactures*), qui représente 89 % de la production nationale ; les trusts de l'acier ; les trusts des spiritueux ; les trusts des manufactures de tapisseries (98 % de la production des tapisseries et autres matières décoratives du pays) ; le trust des fabriques de câbles (*The Cable Makers' Association*, environ 90 % de la production totale) ; le trust du sel (*Salt Union*, 90 % environ de la production) ; *The fine cotton spinners and doublers' trust* (qui contrôle en fait la totalité de la production anglaise), le trust de teinture et de blanchiment (*Bleachers Association* et *The Dyers' Association*, 90 % environ de la production) ; *Imperial Tobacco Company* (environ la moitié de la production totale), etc. [3].

En Autriche, les principaux cartels sont : le syndicat des houillères de Bohême, qui représente 90 % de la production autrichienne ; le syndicat des briqueteries, dont la

---

1. Martin SAINT-LÉON, *l. c.*, p. 89 et suiv.
2. G. LECARPENTIER : *Commerce maritime et marine marchande*, Paris 1910, p. 165.
3. Hermann LEVY : *Monopoly and Competition*, Londres 1911, p. 222-267.

production se monte à 400 millions de couronnes (pour 40 millions seulement aux outsiders); le syndicat de la sidérurgie; les syndicats dans l'industrie du pétrole (Galicie, 40 % de la production); dans l'industrie du sucre, du verre, du papier, du textile, etc.

Mais même dans un pays arriéré et pauvre en capitaux comme la Russie, le nombre des syndicats industriels d'un type supérieur et des trusts, d'après les données de Goldstein, dépasse la centaine. En outre, il existe une série d'ententes locales d'un type moins développé. Mentionnons les principales [1]. Dans l'industrie houillère, le *Prodougol* (qui représente 60 % de la production du bassin du Donetz); dans la métallurgie, 19 syndicats, dont les plus importants sont : le *Prodameta* (88-93 %), le *Krovlia* (60 % de la tôle), le *Prodwagon* (qui englobe 14 ateliers de construction sur 16); dans l'industrie du naphte, 4 compagnies associées détenant presque toute la production. Mentionnons encore le syndicat du cuivre (90 %), le syndicat du sucre (100 %), l'entente des fabricants de textile, le trust du tabac (57-58 %), le syndicat des allumettes, etc.

En Belgique, les syndicats industriels sont extrêmement développés. Mais même les pays nouveaux, comme le Japon, se sont engagés dans la voie des monopoles capitalistes. Ainsi les anciens modes de production du capitalisme se sont radicalement transformés. D'après les calculs de F. Laur, *sur les 500 milliards de francs de capitaux investis dans les entreprises industrielles de tous les pays du monde, 225 milliards, c'est-à-dire presque la moitié, échoient aux cartels et aux trusts.* (Ce capital se décompose par pays [à noter que les chiffres sont vraisemblablement au-dessous de la réalité] de la façon suivante : Amérique, 100 milliards de francs; Allemagne, 50 milliards; France, 30 milliards; Autriche-Hongrie, 25 milliards, etc. [2]). Ces chiffres soulignent la complète transformation des anciens éléments de production à l'intérieur des pays, ce qui n'a

----

1. Les données sont tirées de l'ouvrage de L. KAFENHAUS : *Les syndicats dans l'industrie métallurgique* ; GOLDSTEIN, *l. c.* ; ZAGORSKY, *l. c.*

2. GOLDSTEIN, *l. c.*, p. 5.

pas été sans amener de profondes modifications dans leurs rapports.

Les choses ne se bornent pas cependant à un processus d'organisation au sein de branches industrielles isolées. Celles-ci passent par un processus incessant d'agglomération en un seul système, de transformation en organisation unique.

Ce processus s'opère en premier lieu par la création d'entreprises combinées, c'est-à-dire d'entreprises embrassant la production des matières premières et des produits manufacturés, ouvrés ou mi-ouvrés, etc. Il peut englober et englobe les branches les plus diverses de la production, du fait qu'avec la division moderne du travail, ces branches, à un degré plus ou moins élevé, directement ou indirectement, sont placées dans une dépendance mutuelle. Si par exemple un trust travaille, à côté du produit essentiel, un dérivé quelconque, il aspire aussitôt à monopoliser cette branche de production, ce qui, à son tour, a pour résultat de pousser à la monopolisation de la fabrication des produits qui remplacent ce dérivé. Puis c'est la production des matières premières qui, elle aussi, devient l'objet des mêmes convoitises, etc. Il se forme ainsi les combinaisons les moins compréhensibles à première vue, comme l'union des industries des métaux et du ciment, du pétrole et de la glucose, etc. [1]. Cette concentration et cette centralisation verticales de la production, par opposition à la concentration et à la centralisation horizontales dans certaines branches de production, d'une part signifient une diminution de la division sociale du travail (car elles fondent dans une seule entreprise le travail réparti auparavant dans plusieurs), d'autre part, stimulent la division du travail dans le cadre de la nouvelle unité de production. Ainsi, tout le processus, considéré à l'échelle sociale, a tendance à transformer l'ensemble de l'économie nationale en une entreprise combinée unique, avec un lien d'organisation reliant la totalité des branches de la production.

Dans une large mesure, le même processus s'opère

---

1. Nazarevsky, *l. c.*, p. 354 et suiv.

encore par la *pénétration du capital bancaire dans l'industrie et la transformation du capital en capital financier.*

Nous avons déjà vu, dans les chapitres précédents, l'immense portée de la participation financière aux entreprises industrielles. Or, celle-ci est précisément une des fonctions des banques modernes.

Une partie toujours plus grande de capital industriel n'appartient pas aux industriels qui le mettent en circulation. Ils ne disposent de ce capital que par l'entremise de la banque, qui représente vis-à-vis d'eux les propriétaires de ce capital. D'autre part, la banque est elle-même obligée d'engager dans l'industrie une part de plus en plus grande de ses capitaux. Il en résulte que la banque devient de plus en plus un capitaliste industriel. *Ce capital bancaire, c'est-à-dire ce capital-argent, qui est ainsi transformé effectivement en capital industriel, je l'appelle capital financier* [1].

Au moyen de diverses formes de crédit, de détention d'actions, d'obligations et de parts de fondateur, le capital bancaire opère ainsi comme organisateur de l'industrie, et cette organisation de l'ensemble de la production de la totalité du pays est d'autant plus forte que l'est, d'une part, la concentration de l'industrie et, d'autre part, la concentration des banques. Celle-ci a pris à son tour des proportions considérables. Qu'on en juge par ces exemples. En Allemagne, 6 banques exercent en fait le monopole des opérations de banque : la *Deutsche Bank*, la *Diskontogesellschaft*, la *Darmstadter Bank*, la *Dresdner Bank*, la *Berliner Handelsgesellschaft* et la *Schaffhausenscher Bankverein*, dont les capitaux atteignaient, en 1910, le chiffre de 1.122,6 milliards de marks [2]. La multiplication, en Allemagne même, des établissements de ces banques, donne une idée de la rapidité avec laquelle leur puissance s'est développée (dans le nombre sont compris, l'établissement principal, les filiales, les caisses de dépôts, les comptoirs de change, les « participations » constantes dans les banques anonymes allemandes). Ce nombre a évolué de la façon suivante : en

---

1. Rudolph HILFERDING : *Le Capital financier.*
2. Voir W. SOMBART : *Die Deutsche Volkswirtschaft im XIX Jahrhundert*, 3ᵉ éd., Berlin, 1913, ch. X ; d'après de récentes informations du *Vorwärts*, la *Diskontogesellschaft* a déjà absorbé la *Schaffhausenscher Bankverein*.

1895, 42 ; en 1896, 48 ; en 1900, 80 ; en 1902, 127 ; en 1905, 194 ; en 1911, 450 [1]. En l'espace de 16 ans, le nombre de ces établissements s'est donc accru de 11 fois.

En Amérique, deux banques à elles seules détiennent le monopole : la *National City Bank* (Rockefeller) et la *National Bank of Commerce* (Morgan). Une infinité d'entreprises industrielles et de banques liées entre elles de multiples façons dépendent d'elles. « On aura une idée approximative de l'ampleur des opérations bancaires des groupes Rockefeller et Morgan, lorsqu'on saura qu'en 1908 le premier avait, comme clients dont il gardait les réserves, 3.350 banques du pays ou autres, et le second, 2.757 banques. Sans eux, aucun nouveau trust ne peut être fondé. C'est le « monopole de la production des monopoles » (*monopoly of monopoly making*) [2].

A cette liaison économique spécifique, entre les banques et les diverses branches de la production, correspond un mode particulier de direction supérieure des unes et des autres : les représentants des industriels administrent les banques et *vice versa*. Jeidels relate qu'en 1903, les six banques allemandes mentionnées ci-dessus détenaient 751 places dans les conseils d'administration des sociétés anonymes industrielles [3]. En revanche, dans les conseils d'administration de ces banques, figurent 51 représentants de l'industrie (dernier chiffre pour 1910).

Quant à l'Amérique le fait suivant est caractéristique. Il ressort de la liste présentée au Sénat, en 1908, lors de la discussion du bill sur l'amélioration des opérations de banque (commission La Folette) que 89 personnes occupent plus de 2.000 places de directeurs dans diverses entreprises industrielles, compagnies de transport, etc. et que, d'autre part, Morgan et Rockefeller ont sous leur contrôle direct ou indirect la quasi-totalité de ces entreprises [4].

Nous devons encore mentionner le rôle important que jouent les entreprises étatiques et communales qui entrent

---

1. RIESSER : *Die deutschen Grossbanken*, Annexe VIII, p. 745.
2. NAZAREVSKY, *l. c.*, p. 362.
3. PARVUS (« première manière ») ; *Der Staat, die Industrie und der Socialismus*, p. 77 ; RIESSER, *l. c.*, *Beilage*, p. 651.
4. RIESSER, *l. c.*, p. 501.

dans le système général de l'économie nationale. Les entreprises étatiques s'étendent principalement sur une partie de l'industrie extractive du pays. (En Allemagne, sur 309 mines de houille ayant, en 1909, une production de 145 millions de tonnes, 27 représentant une production de 20.500.000 tonnes, d'une valeur de 235 millions de marks, se trouvaient entre les mains de l'Etat. Il faut y ajouter les mines de sel, les minerais, etc. Le total des recettes provenant de toutes ces entreprises d'Etat se montait, en 1910, à 349 millions brut et à 25 millions net [1]. Ensuite, viennent les chemins de fer (l'organisation commerciale privée des chemins de fer existait uniquement en Angleterre et encore prit-elle fin au début de la guerre), les postes et télégraphes, etc., ainsi que l'exploitation forestière. Les entreprises communales d'une grande importance économique concernent principalement le service des eaux, les usines à gaz, les usines électriques et l'ensemble de leurs ramifications [2]. Les puissantes banques d'Etat entrent également dans le système général. Les modes d'interdépendance de ces entreprises « publiques » et des entreprises économiques privées sont multiples, de même que les liens économiques en général, mais il est évident que le crédit joue le principal rôle. Des rapports particulièrement étroits s'établissent sur la base de ce qu'on appelle le système mixte, lorsqu'une entreprise donnée se compose d'éléments « publics » et d'éléments privés (ordinairement il s'agit de la participation des grands monopoles). Ce système se rencontre assez fréquemment dans le domaine des exploitations communales. Le cas de la *Reichsbank* est très curieux. Cette banque, dont le rôle économique en Allemagne est immense, est si intimement liée à la vie économique privée, que, jusqu'à présent, on discute pour savoir si elle est un simple établissement anonyme ou une institution d'Etat, et si elle a un caractère juridique public, ou privé [3].

---

1. Nazarevsky, *l. c.*, p. 362.
2. Riesser, *l. c.*, p 501
3. V. Willy Baumgart : *Unsere Reichsbank. Ihre Geschichte und ihre Verfassung*, Berlin, 1915. L'importance de l'Etat, en tant qu'organisateur de l'industrie, s'est singulièrement accrue pendant la guerre. Nous aurons à en parler plus loin, lorsque nous examinerons l'avenir de l'économie nationale et mondiale.

Toutes les pièces de ce système, organisé dans une large mesure (cartels, banques, entreprises d'Etat), font l'objet d'un processus incessant d'intégration. Ce processus s'accentue au fur et à mesure du développement de la concentration capitaliste. La « cartellisation » et la formation d'entreprises combinées créent tout de suite une communauté d'intérêts entre les banques qui les financent. De leur côté, les banques sont intéressées à voir cesser la concurrence entre les entreprises qu'elles financent. D'autre part, toute entente des banques facilite l'agglomération des groupes industriels. Quant aux entreprises d'Etat, elles deviennent de plus en plus dépendantes des grands groupements industriels et financiers, et *vice versa*. Ainsi, les différentes sphères du processus de concentration et d'organisation se stimulent réciproquement et créent une très forte tendance à la transformation de toute l'économie nationale *en une gigantesque entreprise combinée sous l'égide des magnats de la finance et de l'Etat capitaliste, d'une économie qui monopolise le marché mondial et qui devient la condition nécessaire de la production organisée dans sa forme supérieure non-capitaliste.*

Le capitalisme mondial, le système de production mondial, prennent par conséquent, au cours de ces dernières années, l'aspect suivant : quelques corps économiques organisés et cohérents (grandes puissances civilisées) et une périphérie de pays retardataires vivant sous un régime agraire ou semi-agraire. Le processus d'organisation (qui, soit dit en passant, n'est nullement le but ou le motif agissant de messieurs les capitalistes, comme l'affirment leurs idéologues, mais uniquement le résultat objectif de leurs aspirations à un profit maximum) tend à sortir du cadre national; mais là apparaissent des difficultés beaucoup plus sérieuses. Premièrement, il est bien plus facile de vaincre la concurrence sur le terrain national que sur le terrain mondial (les ententes internationales se forment généralement sur la base de monopoles nationaux déjà constitués); deuxièmement, la différence de structure économique et, par conséquent, de frais de production, rend les ententes onéreuses pour les groupes nationaux avancés;

troisièmement, l'agglomération avec l'Etat et ses frontières constitue elle-même un monopole toujours croissant, qui assure des profits supplémentaires.

Parmi les facteurs de cette dernière catégorie, nous examinerons tout d'abord la politique douanière.

Le caractère de cette politique s'est entièrement modifié. Si les anciens droits de douane avaient un but défensif, il n'en est pas de même des droits actuels, qui ont un but offensif. Si, auparavant, on frappait les articles dont la fabrication dans le pays était si peu développée qu'elle ne supportait pas la concurrence sur le marché mondial, aujourd'hui, par contre, on « protège », précisément, les branches industrielles les plus aptes à soutenir la concurrence.

Friedrich List, apôtre du protectionnisme, a parlé, dans son *Système national d'économie politique*, des droits de douane éducatifs, qu'il considérait comme une mesure provisoire. « Nous devrons — lisons-nous dans son ouvrage — ne traiter ici que de la législation douanière en tant que moyen de former l'industrie. Les mesures de protection ne se justifient que si elles sont un moyen d'encourager et de protéger la force manufacturière intérieure, et cela seulement chez les nations... appelées à se placer sur un pied d'égalité avec les premières nations agricoles, manufacturières, commerciales et les grandes puissances navales et continentales » [1].

Aujourd'hui, rien de cela ne subsiste, même en souvenir, en dépit des assurances de certains érudits bourgeois. Le « protectionnisme supérieur », de nos jours, n'est pas autre chose que la formule étatique de la politique économique des cartels. Les droits de douane modernes sont des droits de cartels, un moyen pour ceux-ci d'acquérir un profit supplémentaire. Car il est clair que si, sur le marché extérieur, la concurrence est supprimée ou réduite au minimum, les « producteurs » peuvent hausser les prix dans toute la marge laissée par les droits de douane. Or ce profit

---

1. Friedrich LIST : *Gesammelte Schriften,* hg. von Ludwig Haüser. 3 Teilen, Stuttgart und Tübingen, 1851. « Das Nationale System der politischen Oekonomie », p. 302-303.

supplémentaire donne la posibilité d'écouler les marchandises sur le marché extérieur à des prix inférieurs aux prix de revient, « à vil prix ». Ainsi se forme la politique d'exportation spécifique des cartels (dumping). Ainsi s'explique cette chose, étrange au premier abord, que les droits de douane moderne « protègent » l'industrie d'exportation. Déjà Engels avait vu clairement l'étroite connexion qu'il y a entre le développement des cartels et l'augmentation des droits de douane modernes avec leur caractère spécifique.

Les capitalistes acquièrent de plus en plus la conviction que les forces productives modernes, avec leur développement rapide et gigantesque, échappent tous les jours davantage aux lois de l'échange capitaliste qui devraient les diriger. Les deux symptômes suivants l'établissent à l'évidence : 1° la nouvelle et universelle manie des droits de protection, qui se distingue de l'ancienne idée protectionniste en ce qu'elle poursuit avant tout la protection des articles susceptibles d'exportation ; 2° les cartels et les trusts qui se créent dans les grandes branches de production [1].

Or, notre époque a fait précisément un immense progrès dans ce sens et l'industrie consolidée, en tête avec l'industrie lourde, soutient ardemment un protectionnisme supérieur, puisque moins les droits de douane sont réduits, plus le profit supplémentaire est important, plus l'on peut conquérir rapidement de nouveaux débouchés et plus la masse de profits obtenue est considérable. La seule borne qu'il puisse y avoir, c'est la diminution de la demande qui, dès lors, n'est plus compensée par des prix plus élevés, mais dans ces limites la tendance à la hausse est un fait incontestable.

Si nous examinons maintenant l'économie mondiale,

---

1. Karl MARX : *Le Capital*, livre III, p. 118, note d'Engels. Tout cela n'empêche pas H. Grunzel de ne pas saisir le sens des phénomènes signalés plus haut. Voir son *Handel politik*, 4ᵉ édit. « *Grundriss der Wirtschaftspolitik* », p. 76. Il est juste de reconnaître, cependant, que la différence qui existe entre les droits de douane éducatifs et cartellistes est un lieu commun dans la littérature économique politique, depuis Brentano jusqu'à Hilferding. Voir par exemple Joseph HELLAUER : *System der Welthandelslehre*, t. I, 1910, p. 37 ; TSCHIERSCHKY, *l. c.*, p. 86 et suiv.

nous y décrouvrons que les droits de douane de cartels et le « dumping » des pays économiquement avancés suscitent la résistance des pays retardataires, qui élèvent leurs tarifs protecteurs [1]. Inversement, l'augmentation des droits de douane par les pays retardataires stimule encore davantage l'augmentation des droits de douane de cartels qui facilitent le « dumping ». Inutile de dire que cette action réciproque se manifeste également dans les rapports entre pays avancés, de même que dans les rapports entre pays retardataires. Cette vis illimitée, continuellement tournée par le développement des cartels, a engendré la « manie des droits de protection » dont parle Engels et qui, de nos jours, s'est encore aggravée.

Vers 1870, dans tous les pays les plus développés économiquement, on constate un brusque revirement à l'égard du libre-échange qui, évoluant rapidement de l' « éducation » de l'industrie à la défense des cartels, aboutit au haut protectionnisme moderne.

En Allemagne, ce revirement a été défini par le tarif de 1879, et depuis nous avons une augmentation incessante des droits de douane (voir, par exemple, le tarif de 1902 et les suivants). En Autriche-Hongrie, ce revirement date de 1878; les tarifs ultérieurs témoignent de la même tendance à la hausse (notamment les tarifs de 1882, 1887, 1906 et les suivants). En France, on constate un glissement très net vers le protectionnisme dans le tarif général de 1881, qui élève les droits sur les produits industriels de 24 %; il faut encore signaler le tarif éminemment protectionniste de 1892 (qui porte à 69 % *ad valorem* les droits sur les articles manufacturés, à 25 %, les droits sur les produits agricoles) et sa « revision » en 1910. En Espagne, le tarif de 1877 renferme déjà des droits élevés sur les produits industriels; le tarif de 1906, contenant une augmentation générale des droits, mérite une attention spéciale. Aux

---

1. Il ne faut pas oublier que lorsque nous parlons de politique etc. des pays, nous sous-entendons la politique des gouvernements et des forces sociales bien définies sur lesquelles s'appuient ces gouvernements. Aujourd'hui il est malheureusement nécessaire de le rappeler encore, étant donné que le « point de vue national étatique qui, scientifiquement, est absolument inconsistant » est celui d'hommes dans le genre de Plékhanov et consorts.

Etats-Unis, pays classique des trusts et de la politique douanière moderne, les traits caractéristiques du protec-tionnisme sont particulièrement accusés. L'augmentation des droits de douane, causée par les trusts, date de 1883, et atteint 40 % de la valeur des marchandises imposées; en 1887, elle est de 47,11 %; en 1890 (bill Mac Kinley), nouvelle augmentation (91 % sur les lainages; sur les qua-lités fines, jusqu'à 150 %); sur les métaux importés (de 40 à 80 %, etc) [1]. Puis viennent le *Dingley Bill* (1897) et, comme une des manifestations les plus nettes de la ten-dance à la hausse, le *Payne-Tarif* de 1909. L'Angleterre, cette citadelle du libre-échange, traverse une époque de transformation. De plus en plus hautes, de plus en plus impérieuses, se font les voix qui exigent la « réforme doua-nière », le remplacement du *free-trade* (libre-échange) par le *fair-trade* (juste-échange), c'est-à-dire le système protec-tionniste (v., p. ex., l'activité de Chamberlain, l'*Imperial Federation League* et l'*United Empire League*, etc.). Le sys-tème des tarifs préférentiels entre le monopole et les colo-nies réalise en partie ces aspirations. A partir de 1898, le Canada établit des tarifs de faveur avec la métropole; en 1900 et 1906, ces tarifs sont revisés et « améliorés ». Au-jourd'hui, cette faveur est de 10 à 50 % par rapport aux droits qui frappent les produits étrangers. En 1909, l'exemple du Canada est suivi par les colonies de l'Afrique du Sud (de 6¼ à 25 %); en 1903 et 1907, la Nouvelle-Zélande y adhère, puis, en 1907, l'Union des colonies aus-traliennes (de 5 à 10 %). Aux conférences impériales (c'est-à-dire aux conférences des représentants des colonies du Gouvernement britannique), la note protectionniste se fait entendre de plus en plus nettement. « Seul un penseur de second ordre peut être, aujourd'hui, partisan du libre-échange et être en même temps optimiste à l'égard de l'An-gleterre », raisonne, avec une fatuité de bourgeois, le sa-

---

1. ISSAIEV : *L'économie mondiale*, p. 115-116. Soit dit en passant, les « explications » du professeur Issaïev ne laissent pas d'être curieuses. L'élévation des tarifs de 1862 à 1864 s'explique, par exemple, par « les inclinations protectionnistes des hommes qui administraient les finances américaines ». Textuel ! (p. 114-115). Voir également GRUNZEL, *l. c.*

vant bien connu Aschli, traduisant ainsi l'état d'esprit des classes dominantes anglaises [1].

On sait que la guerre a mis les points sur les *i* et que l'imposition douanière est devenue un fait. Il nous faut encore mentionner les droits de douane extrêmement élevés de la Russie.

A partir de 1877, écrit M. Kourtchinsky, une nouvelle tendance apparaît, qui marque de plus en plus le passage à un tarif douanier élevé qui, par la suite, devait aller constamment en s'accentuant. En 1877, cette augmentation des droits de douane fut la conséquence de la décision prise de percevoir ces droits sur la base de l'étalon or, ce qui, d'emblée, entraîna une majoration approximative de 40 %. Les années suivantes apportèrent une nouvelle augmentation des droits sur toute une série de marchandises, avec un développement de plus en plus accentué des principes protectionnistes. En 1890, tous les droits furent majorés de 20 %. Ce mouvement trouva son couronnement dans le tarif ultra-protectionniste de 1890, en vertu duquel les droits de douane sur beaucoup de marchandises subirent, comparativement au tarif de 1868, une majoration allant de 100 à 300 %, et même davantage. Le tarif douanier actuel a été publié en 1903 et sa mise en vigueur date du 16 février 1906. Beaucoup de droits de douane y sont majorés [2].

Il est donc hors de doute qu'il y a tendance générale à défendre les « économies nationales » par de hautes barrières douanières. Le fait que dans toute autre circonstance il peut y avoir réduction des droits de douane, concessions réciproques dans les traités de commerce, ne le contredit nullement. Ce ne sont là que des exceptions, des arrêts temporaires, un armistice dans une guerre incessante. La tendance générale n'en est pas contrariée, car elle n'est pas un simple fait empirique, un phénomène accidentel sans importance essentielle pour les rapports modernes. Bien au contraire, la structure du capitalisme nouveau met préci-

---

1. W. J. ASCHLI : « La conférence impériale britannique de 1907 » (*Revue économique internationale*, 1907, t. IV, p. 477).

2. Additions de Kourtchinsky à la brochure déjà citée du professeur Eberg, p. 411. Même M. Kourtchinsky dit de la majoration des droits de douane sur les articles manufacturés allemands que « ce ne fut guère avantageux pour l'économie nationale russe » (p. 412). Ainsi il ne confond pas « économies » avec « employeurs ». Avis à ceux qui « sur leurs vieux jours refont leur éducation ».

sément en avant cette forme de politique économique. Avec elle, elle apparaît; avec elle, elle disparaîtra.

Le grand rôle économique que jouent aujourd'hui les droits de douane entraîne une politique agressive du « capitalisme » moderne. Les droits de douane font bénéficier les monopoles d'une plus-value qui leur sert de prime à l'exportation dans la lutte pour les débouchés (dumping). Cette plus-value peut s'accroître de deux façons : premièrement, par un écoulement intérieur plus intensif, avec le même territoire national; deuxièmement, par l'extension de ce dernier. En ce qui concerne le premier moyen, la pierre d'achoppement est dans la capacité d'absorption du marché intérieur. On ne voit pas la grande bourgeoisie se mettre à augmenter la part de la classe ouvrière et tenter ainsi de se tirer du pétrin à ses propres dépens. Avisée en affaires, elle préfère procéder autrement en élargissant le territoire économique. Moins ce territoire est restreint, plus le profit supplémentaire — toutes conditions égales — est élevé, plus il est facile de payer des primes à l'exportation et de pratiquer le « dumping », plus l'écoulement à l'extérieur est important et plus le taux du profit est accru. Admettons que la part des marchandises exportées soit extrêmement élevée par rapport à l'écoulement intérieur, il est alors impossible de compenser les pertes provoquées par l'avilissement des prix sur le marché extérieur par des prix monopoles sur le marché intérieur. Le « dumping » perd ainsi sans raison. Par contre, un « juste » milieu entre l'écoulement extérieur et l'écoulement intérieur permet de tirer le maximum de profit. Or, cela n'est possible qu'en maintenant le marché intérieur dans certaines limites qui, moyennant une importance égale de la demande, sont déterminées par les dimensions du territoire inclus dans les frontières douanières et, par conséquent, dans les frontières nationales. Si autrefois, à l'époque du libre-échange, il suffisait de faire pénétrer les marchandises sur les marchés étrangers, et si cette occupation économique pouvait satisfaire les capitalistes du pays exportateur, *de nos jours, les intérêts du capital financier exigent, avant tout, l'expansion du territoire national, c'est-à-dire dictent une poli-*

tique de conquête, de pression directe de la force militaire, d'annexion impérialiste. Mais il est évident que là où, en vertu de conditions historiques particulières, l'ancien système libéral du libre-échange s'est en grande partie maintenu, où, d'autre part, le territoire national est suffisamment vaste, on voit apparaître, parallèlement à la politique de conquête, une tendance à grouper les parties éparses du corps national, à opérer la fusion des colonies et de la métropole, à former un « empire » économique unique, entouré d'une barrière douanière commune. C'est le cas de l'impérialisme anglais. Et toutes les discussions sur l'organisation d'une union douanière des pays de l'Europe centrale n'ont pas autre chose en vue que la création d'un vaste territoire économique, qui leur conférerait les moyens d'un monopole pour la concurrence sur le marché extérieur. En réalité, c'est là le résultat des intérêts et de l'idéologie du capitalisme financier qui, en s'infiltrant dans tous les pores de l'économie mondiale, crée en même temps une violente tendance à l'isolement des corps nationaux, à la formation d'un système économique se suffisant à lui-même, comme moyen de consolider son monopole. *Ainsi, parallèlement à l'internationalisation de l'économie et du capital, il s'opère un processus d'agglomération nationale, de nationalisation du capital,* processus gros de conséquences [1].

Ce processus de nationalisation du capital, c'est-à-dire la création de corps économiques homogènes, enfermés dans les frontières nationales et réfractaires les uns aux autres, est également stimulé par les changements intervenus dans les trois grandes sphères de l'économie mondiale : la sphère des débouchés, la sphère des matières premières et la sphère d'investissement des capitaux. Dès lors, nous devons analyser les modifications des conditions de reproduction du capital mondial, en partant de ces trois points de vue.

---

1. Lorsque nous parlons de capital national, d'économie nationale, etc., nous entendons partout non pas l'élément national au sens propre du mot, mais l'élément territorial national de la vie économique

CHAPITRE V

—

Marché mondial et modifications des conditions d'écoulement

1. Production massive et expansion hors des frontières nationales. — 2. Formation des prix dans l'échange entre pays à structure économique différente et formation du surprofit. — 3. Politique coloniale des grandes puissances et division du monde. — 4. Politique douanière des puissances et débouchés. — 5. Aggravation de la concurrence sur le marché mondial et expansion capitaliste.

Tout capitalisme national manifeste une tendance constante à s'étendre, à élargir sa puissance, à sortir des limites des frontières nationales. Cela découle de l'essence même de la structure capitaliste de la société.

Les conditions de l'exploitation du travail et de sa mise en valeur [c'est-à-dire de la plus-value] ne sont pas les mêmes et elles diffèrent non seulement au point de vue du temps et du lieu, mais en elles-mêmes. Les unes sont bornées exclusivement par la force productive de la société, les autres par l'importance relative des diverses branches de production et la puissance de consommation de la masse. Quant à cette dernière, elle dépend non de ce que la société peut produire et consommer, mais de la distribution de la richesse, qui a une tendance à ramener à un minimum variable, entre des bornes plus ou moins étroites, la consommation de la grande masse; elle est limitée, en outre, par le besoin d'accumulation, d'agrandissement du capital et d'obtention de quantités de plus en plus fortes de plus-value. Elle obéit ainsi à une loi qui trouve son origine dans les révolutions incessantes des méthodes de produire, et la dépréciation constante du capital qui en est la conséquence, dans la concurrence générale et la nécessité, dans un but de conservation et sous peine de ruine, de perfectionner et d'étendre sans cesse la production. Ainsi la société capitaliste doit-elle agrandir continuellement ses débouchés [1].

---

1. Karl MARX : *Le Capital*, t. IV, p. 267, trad. Julian Borchardt et Hippolyte Vanderrydt.

Cependant, on ne doit pas comprendre cette loi de production massive, qui est en même temps une loi de reproduction massive, en ce sens que l'expansion au delà des frontières nationales est en quelque sorte une nécessité absolue; cette nécessité est créée dans le processus de formation du profit, et *le taux du profit constitue le principe régulateur de toute la circulation.* On sait que le taux du profit dépend de la masse de marchandises et du profit sur chaque unité de marchandise qui, à son tour, est égal au prix de vente moins les frais de production. Si nous désignons la masse de marchandises par M, le prix de l'unité par P, et les frais de production par D, la somme de profit est exprimée par la formule : $M. (P — D)$. Moins les frais de production sont élevés, plus le profit par unité de marchandise est accru et, moyennant un écoulement soutenu ou croissant, plus la somme de profit est augmentée. Or, les frais de production sont d'autant moins élevés que la masse de marchandises jetée sur le marché est plus considérable. L'amélioration de la technique, le développement des forces productives et, par conséquent, l'accroissement de la masse du produit manufacturé, voilà ce qui diminue les frais de production. C'est pourquoi les ventes bon marché à l'étranger sont très compréhensibles. Si même, en l'occurrence, on ne retire aucun profit et si les marchandises se vendent au prix de revient, la somme du profit en est augmentée du fait que les frais de production en sont diminués. (Nous ne parlons pas des ventes à perte qui se font dans des « buts » stratégiques, c'est-à-dire en vue de la conquête rapide d'un débouché et de l'écrasement de concurrents.) Dans la formule générale $M (P—D)$, la valeur des frais de production ne sera pas leur valeur qui correspond à la masse du produit M, mais une valeur sensiblement inférieure correspondant à la quantité $(M+E)$, dans laquelle E est le chiffre de la marchandise exportée. Ainsi la circulation du profit rejette les marchandises hors des frontières nationales. Mais le même principe régulateur du capitalisme — le taux du profit — manifeste ses effets d'une autre façon. Nous voulons parler de la formation du *surprofit dans l'échange entre pays à structures économiques différentes.*

Dès l'époque du capital commercial, ce processus de formation du profit supplémentaire est évident.

Tant que le capital commercial, dit Marx, assure l'échange des produits de communautés peu développées, il réalise non seulement en apparence, mais presque toujours en réalité, des profits exagérés et entachés de fraude. Il ne se borne pas à exploiter la différence entre les coûts de production des divers pays, en quoi il pousse à la fixation et à l'égalisation des valeurs de marchandises, mais il s'approprie la plus grande partie de la plus-value. Il y parvient en servant d'intermédiaire entre des communautés qui produisent avant tout des valeurs d'usage et pour qui la vente et la valeur de ces produits sont d'une importance secondaire, ou en traitant avec des maîtres d'esclaves, des seigneurs féodaux, des gouvernements despotiques, qui représentent la richesse jouisseuse [1]...

Les « profits exagérés » et la « fraude » ont pu jouer un si grand rôle parce que le processus d'échange était lui-même un processus irrégulier, un processus nécessaire d' « échange » matériel » dans une société où la division mondiale du travail est un fait, et parce que ce processus est plus ou moins un phénomène accidentel. Quant au profit supplémentaire, il s'obtient lorsque l'échange international devient une chose régulière et passagère de la reproduction du capital mondial. Marx a fort bien élucidé la nature économique de ce surprofit.

Le commerce international, dit-il, rapporte un profit dont le taux est plus élevé parce qu'il offre des marchandises à des pays moins avancés au point de vue des procédés de fabrication et qu'il peut, tout en les leur cédant à un prix inférieur au leur, les vendre au-dessus de leur valeur. Le travail des pays avancés compte dans ce cas comme travail d'un poids spécifique plus élevé et est porté en compte comme travail de qualité supérieure, bien qu'il ne soit pas payé comme tel; d'où nécessairement une hausse du taux du profit. Ce qui n'empêche pas que le produit soit fourni au pays dans lequel on l'exporte à un prix moins élevé que celui auquel ce dernier pourrait le produire, la quantité de travail qui y est incorporé par le pays exportateur étant beaucoup moindre que celle que le pays moins

---

1. Karl MARX : *Le Capital*, t. IV, p. 364, trad. Julian Borchardt et Hippolyte Vanderrydt.

avancé devrait y consacrer; de même un fabricant qui applique une nouvelle invention avant qu'elle soit généralisée, peut profiter de la productivité spécifique plus élevée du travail qu'il met en œuvre et *réaliser un surprofit*[1] en vendant ses marchandises moins cher que ses concurrents, bien qu'à un prix qui en dépasse notablement la valeur. D'autre part, les capitaux engagés dans les colonies rapportent des profits d'un taux plus élevé, parce que telle est la règle dans les pays peu avancés au point de vue économique, où l'on fait travailler des esclaves et des coolies et où l'on exploite le travail avec plus d'âpreté. A moins que des monopoles ne fassent sentir leur influence, rien ne s'oppose sous un régime de libre concurrence à ce que ces taux plus élevés contribuent à une majoration du taux général du profit[2].

Marx donne ici une explication théorique du surprofit d'après la théorie de la valeur du travail. Le profit supplémentaire est présenté de ce point de vue qu'en règle générale la valeur sociale du produit (par « société », il va de soi qu'il s'agit de l'ensemble du capitalisme mondial considéré comme un tout unique) est supérieure à la valeur individuelle du produit (par « individu », il faut entendre, évidemment, l' « économie nationale »). Marx prévoit même et explique qu'une certaine fixation du profit majoré peut se produire par la mainmise des monopoles sur un domaine donné, ce qui est d'une importance particulière à notre époque.

Ainsi ce n'est pas l'impossibilité de déployer une activité dans le pays, mais la poursuite d'un taux de profit plus élevé, qui constitue la force motrice du capitalisme. Même la « pléthore capitaliste » moderne n'est pas une limite absolue. Un taux plus bas de profit chasse marchandises et capitaux de plus en plus loin de leur « pays d'origine ». Ce processus s'accomplit simultanément dans les diverses parties de l'économie mondiale. Les capitalistes des différentes économies nationales s'y heurtent en concurrents, et moins le développement des forces productives du capitalisme mondial est affaibli, moins l'expansion du commerce

---

1. Souligné par nous.
2. Karl Marx : *Le Capital,* t. IV, p. 258-255, trad. Julian Borchardt et Hippolyte Vanderrydt.

extérieur est contenue, plus la lutte sur le terrain de la concurrence est aiguë. *Au cours de ces dernières dizaines d'années, de telles modifications quantitatives sont survenues dans ce domaine qu'elles ont acquis qualitativement une autre définition.*

Ces modifications viennent, pour ainsi dire, de deux côtés opposés. Premièrement, le processus de production massive s'aggrave à l'extrême; autrement dit, il y a augmentation de la masse de marchandises qui cherchent un écoulement à l'extérieur, phénomène qui est, dans une large mesure, inhérent à la dernière période ; deuxièmement, les débouchés libres, c'est-à-dire les débouchés que les « grandes puissances » monopolistes n'ont pas encore accaparés, diminuent de plus en plus. Ces grandes puissances, mues par les besoins du capital national, ont très rapidement accaparé les débouchés libres et, depuis 1870-1880, les « acquisitions territoriales » se sont succédé sans arrêt. Il suffit d'énumérer brièvement les résultats de cette « politique coloniale » qui est devenue la manie de tous les Etats capitalistes modernes.

L'Angleterre, qui possède un immense empire, a réussi, depuis 1870, à annexer une série de nouvelles contrées : en Asie, le Béloutchistan, la Birmanie, l'île de Chypre, Weï-Haï-Weï, Hong-Kong ; elle a élargi les Straits Settlements, établi son protectorat sur Koveit (1899), annexé la péninsule Sinaïtique, etc. ; en Océanie, elle a annexé quelques îles, notamment la partie nord de Bornéo, la partie sud-est de la Nouvelle-Guinée, une grande partie des archipels Salomon et Tonga. En Afrique, où, comme on sait, la concurrence et les conquêtes ont été particulièrement âpres, l'Angleterre a mis la main sur l'Egypte, le Soudan égyptien, y compris l'Ouganda, l'Afrique-Orientale anglaise, la Somalie anglaise, Zanzibar et Pemba ; dans l'Afrique du Sud, elle s'est emparée des deux Républiques des Boers, de la Rhodésia, de la Colonie du Cap ; dans l'Afrique occidentale, elle a agrandi ses anciennes colonies et a occupé la Nigéria [1]. Telles ont été les « victoires » de l'Angleterre.

---

1. S. SCHILDER, *l. c.*, p. 147 et suiv.

La France a opéré avec non moins de succès. « A partir de 1870 — écrit un impérialiste français — nous assistons à une véritable résurrection coloniale. La III° République soumet l'Annam à son protectorat, fait la conquête du Tonkin, annexe le Laos, étend le protectorat français à la Tunisie et aux îles Comores, occupe Madagascar, augmente démesurément ses possessions du Sahara, du Soudan, de la Guinée, de la Côte d'Ivoire, du Dahomey, des côtes de la Somalie et fonde la nouvelle France qui va de l'océan Atlantique et du Congo au lac Tchad [1]. » A la fin du XIX° siècle, la superficie des colonies françaises était 19 fois supérieure à celle de la France elle-même !

L'impérialisme allemand est intervenu plus tardivement, mais il fait son possible pour rattraper le temps perdu. La politique coloniale de l'Allemagne date de 1884. Elle débuta par la conquête du Sud-Ouest africain, du Cameroun, du Togo, de l'Afrique-Orientale allemande, par l' « acquisition » de la Nouvelle-Guinée et d'une série d'îles (Terre de l'Empereur Guillaume, archipel Bismark, îles Carolines, îles Mariannes, etc.) ; puis ce fut la conquête, en 1897, de Kiao-Tchéou, et la préparation de la mise en coupe réglée de la Turquie et de l'Asie Mineure. Toute cette « évolution » s'est accomplie à une allure vertigineuse [2].

Quant à la politique coloniale russe, nous rappellerons au lecteur la conquête de l'Asie Mineure, la politique mandchoue et mongole et, dans ces derniers temps, la politique persane de la Russie, poursuivie, comme l'on sait, avec le concours de l'Angleterre (le héros de cette politique est le colonel Liakhov) [3].

Il en est de même de la politique des pays situés en dehors de l'Europe, parmi lesquels les Etats-Unis et le Japon tiennent la première place.

---

1. Paul GAFFAREL : *Histoire de l'Expansion coloniale de la France depuis 1870 jusqu'en 1915* (Avant-propos).

2. B. von KÖWIG : *Le développement commercial, économique et financier des colonies allemandes (Revue écon. int.,* 1907, 4° vol., p. 130 et suiv.).

3. Voir M. N. POKROVSKY : *La politique extérieure de la Russie à la fin du* XIX° siècle, 35° fascicule.

A la suite du partage des contrées inoccupées et, en grande partie, des débouchés libres, la concurrence mondiale entre les groupes capitalistes « nationaux » devait fatalement s'aggraver à l'extrême. Le tableau ci-dessous donne une idée de la répartition actuelle des territoires et des habitants.

Grandes Puissances	Superficie des Colonies				Superf. des métropoles		Total	
	1876		1914		1914		1914	
	km².	habit.	km².	habit.	km².	habit.	km².	habit.
	en millions		en millions		en millions		en millions	
Angleterre............	22.5	251.9	33.5	393.5	0.3	46.5	33.8	440
Russie............	17	15.9	17.4	33.2	5.4	136.2	22.8	169.4
France............	0.9	6	10.6	55.5	0.5	39.6	11.1	95.1
Allemagne.........	»	»	2.9	12.3	0.5	64.9	3.4	77.2
États-Unis..........	»	»	0.3	9.7	9.4	97	9.7	106.7
Japon.............	»	»	0.3	19.2	0.4	53	0.7	72.2
Total pour les 6 grandes puissances	40.4	273.8	65	523.4	16.5	437 2	81.5	960.6
Colonies appartenant aux petits Etats (Belgique, Hollande etc.) ...	»	»	9.9	45.3	»	»	9.9	45.3
Trois demi colonies (Turquie, Perse, Chine	»	»	»	»	«	»	14.5	361.2
Total...	»	»	»	»	»	»	105.9	1.367.1
Autres pays........	»	»	»	»	»	»	28	289.9
Total mondial..........							133.9	1.657 [1]

Ainsi, dans la période qui va de 1876 à 1914, les grandes puissances ont acquis environ 25 millions de kilomètres carrés, soit deux fois et demie la superficie de l'Europe. Le monde est presque entièrement divisé entre les « maîtres » des grandes puissances. Dès lors on comprend que la con-

---

1. Nous avons emprunté ce tableau à l'ouvrage, récemment paru, du camarade V. Iline.

currence prenne une gravité exceptionnelle et que la poussée de l'expansion capitaliste dans les pays demeurés inoccupés s'accroisse dans la même mesure que les chances de guerre entre les grandes puissances capitalistes [1].

Or ces chances se sont encore multipliées sous l'effet des tarifs douaniers. Ceux-ci forment la barrière contre laquelle se heurte l'importation des marchandises, barrière qu'on ne peut renverser que par un moyen : la contrainte, l'emploi de la force. On recourt parfois, comme mesure préliminaire, aux guerres douanières, c'est-à-dire à l'augmentation des droits de douane, afin d'arracher des concessions (représailles douanières). Des guerres douanières de ce genre ont été faites, notamment, par l'Autriche-Hongrie contre la Roumanie (1886-1890), contre la Serbie (1906-1911), contre le Monténégro (1908-1911 ; par l'Allemagne contre la Russie (1893-1894), contre l'Espagne (1894-1899) et le Canada (1903-1910) ; par la France contre l'Italie (1888-1892) et la Suisse (1893-1895), etc. A peine les débouchés vacants sont-ils « répartis » qu'ils sont incorporés dans les frontières douanières. Il s'ensuit que la concurrence se fait plus âpre et que les différentes politiques douanières des puissances s'entre-choquent encore plus violemment. Or les guerres douanières ne sont que des coups de sonde. En définitive l'antagonisme est tranché par le rapport des « forces réelles », autrement dit, par la force des armes. Ainsi la course aux débouchés pousse fatalement aux conflits entre groupes nationaux du Capital. *Le développement prodigieux des forces productives et l'étrécissement extrême des débouchés libres au cours de ces derniers temps, la politique douanière des puissances liée à l'hégémonie du capital financier et l'aggravation des difficultés pour la réalisation des valeurs marchandes créent une situation où le dernier mot appartient à la technique militaire.*

---

1. Tous les conflits internationaux qui se sont produits depuis 1871 sont imputables à la politique coloniale. Voir Joaquim Fernandez PRIDA : *Historia de los conflictos internationales del siglo XIX*, Barcelone, 1901, p. 118 et suiv. Si la politique expansionniste vise en premier lieu les contrées inoccupées, cela tient uniquement à ce que la bourgeoisie suit la ligne du moindre effort.

Là se manifestent les contradictions du développement capitaliste que Marx a analysées. L'accroissement des forces productives entre en conflit avec le mode antagoniste de répartition et la disproportion de la production capitaliste, d'où l'origine de l'expansion capitaliste ; d'autre part, le travail collectif entre en conflit avec le système privé d'organisation économique de la production capitaliste, ce qui s'exprime par la concurrence entre capitalismes nationaux. Les conditions d'équilibre et de développement méthodique de toutes les pièces du mécanisme social font défaut — et au cours de ces derniers temps la vie économique en est restée particulièrement éloignée — d'où l'apparition de crises d'une violence extrême.

CHAPITRE VI

Le marché mondial des matières premières
et les modifications des conditions d'achat de matières

1. Disproportion de la production sociale. — 2. Propriété monopole du sol et accroissement de la disproportion entre l'industrie et l'agriculture. — 3. Renchérissement des matières premières et étrécissement de leur marché. — 4. Aggravation de la concurrence sur le marché mondial des matières premières et expansion capitaliste.

Dans le chapitre précédent nous avons vu comment le nouveau développement capitaliste, en suscitant des difficultés croissantes lors de la réalisation des valeurs marchandes, pousse les classes dirigeantes des divers groupes nationaux à une politique d'expansion. Dans la formule de reproduction D - T... P... T' - D', seule la dernière partie exprime la réalisation du prix du produit fabriqué (T'-D'). Généralement on signalait et on constatait des difficultés dans le processus T' - D', autrement dit, dans le processus d'écoulement. La chasse aux débouchés et les crises industrielles en particulier, poussaient à l'analyse des difficultés qui apparaissent lorsque le capital parcourt la phase T' - D'. Or, des difficultés peuvent également surgir dans le processus de la première phase que parcourt le capital lorsque l'argent est échangé contre des moyens de production (D-T). Et effectivement, le nouveau développement des rapports capitalistes crée des difficultés croissantes dans le domaine de la reproduction du capital social.

L'opération D-T on le sait, se décompose en deux parties : D-F et D-Mp., dans laquelle F représente la force de travail, et Mp, les moyens de production, ce qui fait que la formule de cette phase dans sa forme développée devient

D - T (F - Mp.). C'est pourquoi nous devons examiner les deux parties de la formule.

Dans la mesure où le développement des forces productives conditionnait une modification de la structure et du rapport des forces de classe de la société, il se manifestait, notamment, par une aggravation considérable des antagonismes sociaux, en opposant la puissance organisée des adversaires de classe. Les conditions d'un équilibre relatif présupposent que les forces sociales réagissent les unes sur les autres avec une vigueur exceptionnelle. La tendance du taux du profit à la baisse pousse, d'une part, à intensifier le travail, d'autre part, à trouver une main-d'œuvre bon marché avec une journée de travail allongée. Ce dernier résultat est de nouveau obtenu sur le terrain de la politique coloniale [1].

Cependant, il est un autre aspect de la question dont l'importance est encore beaucoup plus grande.

Nous voulons parler de la disproportion entre le développement de l'industrie et celui de l'agriculture, fournisseuse de matières premières pour l'industrie manufacturière. Celle-ci exige des quantités toujours plus grandes de matières premières, comme le bois (industrie du papier, travaux de construction et d'ébénisterie, construction des chemins de fer, etc.), les matières animales (cuir, laine, soies de porc, crins de cheval, fourrures, os, boyaux, graisses animales de toutes sortes, viande pour la préparation des produits alimentaires, etc.), les matières brutes pour l'industrie textile (coton, lin, chanvre, etc.), ainsi que des matières comme le caoutchouc, etc., dont le rôle dans la vie industrielle est considérable. Néanmoins le développement de l'agriculture moderne ne parvient pas à rattraper le développement prodigieux de l'industrie, d'où, en grande partie, l'augmentation du coût de la vie qui est devenue un phénomène international d'une importance capitale dans la dernière période du développement capitaliste, où l'on assiste à une telle aggravation du processus industriel que la pro-

____

1. Nous ne parlerons pas des méthodes d'exploitation qui ont couvert de honte cette politique. Rappelons seulement qu'elle n'est pas une politique « passée », mais une politique éminemment actuelle.

duction agricole d'outre-mer a également cessé de satisfaire la demande des pays capitalistes avancés, et que la baisse des prix mondiaux a fait place rapidement à la hausse. Le tableau ci-dessous donne une idée de l'augmentation des prix :

ANNÉES —	JUTE BRUT Marché de Londres —	COTON brut —	CUIRS de bœuf —	CUIRS de veau russes —	SAINDOUX américain —
			Marché de Hambourg		
		(Prix en roubles et par poud) [1]			
1903	1,77	9,12	6,11	19,62	6,62
1904	1,76	9,57	6,49	20,93	5,57
1905	2,42	7,72	6,93	28,64	5,79
1906	3,04	8,96	7,90	28,82	6,31
1907	2,51	9,87	7,96	27,90	7,07
1908	1,88	8,47	6,52	28,65	7,01
1909	1,83	9,46	7,22	25,38	8,97
1910	1,98	11,72	8,35	27,33	9,52
1911	2,62	10,51	8,40	26,54	7,04
1912	2,86	9,65	8,57	25,50	8,17
1913	3,93	10,35	9,47	24,60	8,66 [2]

Ainsi en 10 ans (de 1903 à 1913) le prix du jute a augmenté de 12,8 % ; celui du coton, de 13 % ; celui des cuirs de bœuf, de 55 % ; celui des cuirs de veau, de 25 % ; celui du saindoux, de 31 % [3].

Certes, dans n'importe quelle situation — même en société socialiste — le développement des forces productives s'effectuerait dans le sens de la production des moyens de travail (nous avons vu que, dans la société capitaliste, ce processus prend la forme d'une augmentation de la composition organique du capital). Mais il n'en résulterait pas une disproportion dans la répartition des forces productives de la société : l'évolution serait harmonieuse et la « demande » de matières premières suivrait l'augmentation de l' « offre ». Dès lors, la question n'est pas dans le développement relatif de l'industrie en général, mais dans son développement disproportionné. D'autre part, on ne peut regarder cette évolution comme l'expression d'une loi « absolue » et « natu-

---

1. Le poud vaut 16,38 kilog. (*N. du Tr.*).
2. *Mercuriale des matières sur les principaux marchés russes et étrangers en 1913*. Edition du Ministère du Commerce et de l'Industrie, Pétrograd 1914.
3. Sur le rapport entre l'industrie et l'agriculture par suite du renchérissement du coût de la vie, consulter la petite mais remarquable brochure d'Otto Bauer *Die Tenerung*.

relle » entravant la production des produits agricoles, ainsi que Malthus et ses nombreux disciples, avoués ou secrets, se l'imaginaient. Le principal obstacle réside dans une *catégorie sociale particulière : la propriété monopole du sol.*

Le droit de propriété — dit Marx dans le chapitre sur la rente foncière absolue — ne crée pas par lui-même la rente, mais il assure au propriétaire foncier le pouvoir de soustraire sa terre à l'exploitation jusqu'au moment où celle-ci donne lieu à un excédent, que la mise en valeur se fasse par l'agriculture proprement dite ou par un autre système de production. Le propriétaire ne peut donc pas augmenter la quantité absolue de sol pouvant être mis en exploitation, mais seulement la quantité agissant sur le marché, et c'est ainsi qu'il se fait, comme le constatait déjà Fourier, que dans les pays civilisés il y a une partie relativement importante du sol qui est continuellement soustraite à l'agriculture [1].

La propriété foncière agit donc comme une barrière qui empêche, aussi longtemps qu'il n'en résulte pas une rente, toute avance de capital pour des terres non encore cultivées ou non encore affermées, alors même que ces terres appartiennent à une catégorie qui ne rapporte pas de rente différentielle [c'est-à-dire de rente obtenue par suite de la différence de qualité des terrains, etc.] et qu'il suffirait, si la propriété foncière ne réclamait pas son tribut, d'une légère augmentation du prix du marché pour que celui-ci couvre le coût de production [c'est-à-dire les frais de production plus un profit moyen] et rende la culture économiquement possible [2].

Or si l'augmentation des prix sur les articles de l'industrie manufacturière entraîne généralement une diminution de la demande, dont la courbe varie rapidement selon le mouvement des prix, il n'en est pas de même dans le domaine de la répartition des produits agricoles, où la demande est représentée par une valeur moins variable. (Il ne faut pas oublier que la production des matières premières destinées à l'industrie manufacturière est, dans la plupart des cas, une branche auxiliaire de la production des denrées alimentaires : la production du cuir est liée à la production de la viande, il en est de même des boyaux et, dans une certaine mesure, de la laine, etc.) Voilà pour-

---

1. Karl MARX : *Le Capital*, livre III, t. II, p. 349-350.
2. *Ibid.*, p. 354.

quoi la concurrence elle-même joue, dans la production agricole, un rôle moins important, malgré le développement relativement faible des monopoles proprement dits. La loi de la production massive, l'accumulation accélérée du capital, etc., sont des choses beaucoup plus inhérentes à l'industrie qu'à l'agriculture.

Ainsi, à la disproportion existante entre les branches de production de l'économie capitaliste en général, disproportion qui découle de la structure économique anarchique du capitalisme et qui se maintient nonobstant l'apparition des cartels, des trusts, etc., vient encore s'ajouter une disproportion spécifique, toujours plus grande, entre l'industrie et l'agriculture. On comprend aisément que cette disproportion se soit particulièrement accusée ces derniers temps. Nous avons vu précédemment avec quelle intensité les forces productives se sont développées dans ces dix années. Les pays d'outre-mer, les Etats-Unis au premier chef, ont développé leur propre industrie et, partant, leur propre demande en produits agricoles. Il en a été de même des autres pays agraires. L'Autriche-Hongrie, par exemple, est devenue en très peu de temps un pays où les importations de blé et autres denrées dépassent les exportations. L'essor général des forces productives du capitalisme mondial dans ces dix dernières années a déplacé et bouleversé à tel point les rapports entre la production industrielle et la production agricole que, là encore, *les modifications de quantité ont dépassé les limites au delà desquelles se situent les modifications de qualité ;* c'est précisément pourquoi, l'époque de renchérissement, en tant qu'augmentation générale et universelle des prix sur les produits de l'agriculture, est un phénomène de la nouvelle phase du capitalisme. L'augmentation du prix des matières premières affecte directement le taux du profit, puisque, à conditions égales, le taux du profit monte ou baisse en sens inverse du mouvement du prix des matières premières. D'où une tendance croissante des capitalistes des diverses économies nationales à élargir leurs marchés de matières premières. *Or le même processus qui a considérablement réduit les débouchés, a réduit également l'ampleur des marchés de matières pre-*

mières, puisque ceux-ci sont principalement constitués par les pays mêmes qui constituent les débouchés extérieurs, c'est-à-dire par les pays à développement inférieur, parmi lesquels il faut placer les colonies. C'est pourquoi les tendances capitalistes des diverses grandes puissances se heurtent sur ce terrain avec la même violence que sur le terrain de la concurrence dans le processus d'écoulement. On ne doit pas s'en étonner puisque le processus de reproduction du capital social présuppose non seulement l'importance des modifications qui peuvent se produire dans la dernière phase D - T... P... T - D, c'est-à-dire dans la phase d'écoulement, mais encore des modifications qui peuvent s'opérer dans la phase D - T, c'est-à-dire dans la phase d'achat des moyens de production. Le « producteur » capitaliste est non seulement un vendeur, mais un acheteur. Au demeurant, il n'est pas simplement vendeur et acheteur, il est vendeur et acheteur capitaliste dont les actes de vente et d'achat entrent dans la définition de la circulation du capital et font partie de cette définition. On se rend compte par là du caractère fictif de la théorie de Franz Oppenheimer, qui soutient la thèse qu'entre acheteurs la concurrence a un « caractère pacifique » et que les vendeurs sont en rapports hostiles [1]. Son raisonnement est basé sur l'idée que le vendeur n'apporte généralement sur le marché qu'une seule marchandise et que le sort de celui-ci est lié à cette marchandise, c'est-à-dire à son prix ; par contre, déclare Oppenheimer, l'acheteur s'intéresse aux produits les plus divers et à leur prix ; ses intérêts sont liés à chacune de ces marchandises mais relativement beaucoup moins : « le prix d'une marchandise monte, le prix d'une autre peut baisser », etc. Oppenheimer perd de vue l'essentiel, à savoir que l'acheteur moderne est en général un acheteur capitaliste. La consommation individuelle passe à l'arrière-plan

---

1. Voir son exposé des causes de la guerre dans *Die neue Rundschau,* août 1915 (Franz Oppenheimer : *Die Wurzel des Krieges*). L'opinion générale d'Oppenheimer sur l'évolution, de même que sa « solution positive de la question » qui ne va guère, selon nous, au delà des idées développées par Henry George et les « réformateurs agraires » bourgeois, est résumée dans son ouvrage de « critique » : *Die soziale Frage und der Sozialismus.* Soit dit en passant, le citoyen P. Maslow subit fortement l'influence de cet économiste bourgeois.

par rapport à la consommation industrielle basée sur une reproduction de plus en plus grande. Or, les besoins industriels exigent un achat massif de marchandises relativement restreintes. On achète généralement des masses considérables de produits de même nature, et c'est ce qui explique qu'une seule marchandise remplit fréquemment une fonction très importante (comme le coton, par exemple, dans l'industrie textile) [1].

Ainsi il n'y a pas lieu de croire en se basant sur les considérations d'Oppenheimer que la lutte pour les marchés de matières premières est devenue moins « âpre ». Le développement fantastique de la concurrence dans ce domaine est un fait qui est encore accentué par la tendance à s'annexer les gisements de houille, de minerais de fer, de cuivre, les terrains pétrolifères, etc. Ces branches de production, qui jouent un rôle primordial et qui dépendent de conditions naturelles, sont facilement monopolisables. Or, à partir du moment où elles sont tombées aux mains de certains groupes nationaux, elles cessent d'exister pour les autres. Il en est de même, évidemment, de la production agricole dans la mesure où c'est un groupe national homogène, disposant des moyens nécessaires d' « occupation » qui opère sur la scène. La politique de l'Angleterre en Egypte et la transformation de l'Egypte entière en un immense champ de culture du coton, fournissant les matières premières à l'industrie textile anglaise, en est une vivante illustration.

Ainsi, même dans ce domaine, la nouvelle phase du capitalisme aggrave le conflit. Le déséquilibre entre l'industrie et l'agriculture, la concurrence des pays avancés pour la suprématie dans les pays retardataires et leur conflit déclaré sont d'autant plus violents et inévitables que le développement capitaliste est plus rapide et que l'industrialisation de l'économie et le développement des villes sont plus accentués dans ces pays.

---

1. Les « producteurs » *in concreto* ne produisent pas qu'une seule marchandise, à plus forte raison les vendeurs en général. Voir, par exemple, les magasins universels. Par là nous n'entendons pas du tout contester l'importance de la spécialisation. Nous tenons seulement à rétablir les « droits outragés » des acheteurs.

Là encore l'expansion économique apparaît comme la « solution » des antagonismes, qui infailliblement mènent à la phase décisive de la politique impérialiste : la guerre.

Jusqu'à présent nous avons examiné les modifications qui sont survenues dans les conditions de l'échange mondial et qui ont aggravé à l'extrême la concurrence entre les capitalistes nationaux et, partant, leur politique agressive. Or, les modifications caractéristiques pour notre époque ne s'arrêtent pas là. Le développement des forces productives du capitalisme mondial a fait surgir d'autres liaisons économiques internationales. Nous voulons parler de la circulation des capitaux-valeurs, dont nous abordons l'analyse.

CHAPITRE VII

—

Circulation mondiale du capital et modification des formes économiques de liaison internationale

1. La surproduction du capital et son accroissement. — 2. Les forces motrices de l'exportation de capital. — 3. Les cartels et l'exportation de capital. — 4. Exportation de capital et emprunts. — 5. Exportation de capital et traités commerciaux. — 6. Exportation de capital et exportation de marchandises. — 7. Aggravation de la concurrence pour la possession des sphères d'investissement de capital et expansion capitaliste.

On peut examiner la circulation internationale du capital du point de vue de l'exportation et du point de vue de l'importation de capital d'un pays. Tout d'abord, c'est de l'exportation de capital qu'il s'agira.

L'exportation de capital d'un pays donné présuppose une surproduction de capital dans ce pays, c'est-à-dire une suraccumulation. Cette surproduction serait absolue dans le cas où le capital supplémentaire ne rapporterait rien du point de vue capitaliste, autrement dit si un capital donné ayant subi un certain accroissement rapportait autant de profit qu'avant cet accroissement [1]. Or, pour l'exportation de capital, il n'est pas nécessaire que la reproduction ait atteint cette limite : « Lorsqu'on envoie du capital à l'étranger, on le fait, non parce qu'il est absolument impossible de l'employer dans le pays, mais parce qu'on peut en obtenir un taux de profit plus élevé [2]. Ainsi, nous nous heurtons à l'exportation de capital presque tout au long de l'évolution du capitalisme. *Or, malgré cela, l'exportation de capital, surtout dans les dernières dizaines d'années, a acquis une importance qu'elle n'avait jamais eue autrefois.* On peut

---

1. Karl MARX : *Le Capital*, livre III, p. 276.
2. *Ibid.*, p. 277.

même dire que, jusqu'à un certain point, il s'agit là de la création d'un nouveau type de liaison économique entre pays, tant s'est accrue l'importance de cette forme de relation économique internationale.

En l'occurrence, des causes de deux espèces ont agi et continuent d'agir. Premièrement, étant donné la grande production capitaliste, avec le progrès technique et l'accroissement incessant et rapide du rendement du travail; étant donné le développement surprenant des transports et le perfectionnement des moyens de circulation en général et, partant, l'accélération du circuit du capital, l'accumulation de celui-ci s'opère à une allure sans précédent. Les masses de capitaux qui cherchent un placement n'ont jamais été aussi considérables. D'autre part, l'organisation moderne du capital, les cartels et les trusts, ont tendance à mettre des bornes déterminées au placement des capitaux, en fixant des limites précises à la production. Quant aux domaines sur lesquels les cartels n'exercent pas leur domination, le placement de capitaux y présente de moins en moins d'avantages. Car les monopoles ne peuvent vaincre, en obtenant un surprofit de cartel, la tendance à la diminution du taux de profit qu'aux dépens des branches où il n'existe pas de cartels. Une partie de la plus-value quotidienne provenant de ces branches passe aux copropriétaires des monopoles capitalistes, tandis que la part des outsiders diminue continuellement. Ainsi, tout le processus rejette le capital hors des frontières du pays.

Deuxièmement : l'existence de droits de douane élevés est l'obstacle principal à la pénétration des marchandises. La production et la reproduction massives rendent nécessaire l'expansion du commerce extérieur, mais celui-ci se heurte aux barrières que constituent les hauts tarifs douaniers. Certes, le commerce extérieur se développe, les ventes à l'étranger sont en croissance, mais il en est ainsi en dépit des difficultés et malgré elles. Il ne s'ensuit pas, cependant, que les charges douanières ne se fassent pas sentir. Elles se répercutent avant tout sur le taux du profit. Or, si l'exportation des marchandises est considérablement entravée par les barrières douanières, il n'en est pas de même de l'exportation des capitaux. Il est clair que plus les charges douanières s'aggravent, plus l'évasion des capitaux s'accentue.

La défense de l'industrie (!) ne stimule pas l'étranger à fonder une usine à l'intérieur des frontières douanières. Ce n'est que lorsque le fabricant ou l'importateur étranger perd tout ou partie de ses ventes, qu'il a recours à la fondation d'usines à l'étranger, ce qui comporte toujours des frais et des risques élevés. On trouve des tarifs prohibitifs à conséquences de ce genre dans le Mac-Kinley et le Dingley Bill aux Etats-Unis (1890 et 1897), puis dans la législation russe de 1877, 1885 et 1891, ainsi que dans les lois françaises de 1881 et 1892 [1].

Les droits de douane agissent d'une autre façon sur l'exportation du capital : ils deviennent eux-mêmes un appât pour le capitaliste. Quand un capital est investi et fonctionne dans un pays « étranger » en tant que capital, il bénéficie de la « défense » douanière dont juissent les industriels du pays [2]. D'où un redoublement de la tendance à l'exportation de capital.

Cependant, il ne faut pas considérer cette exportation en elle-même, sans tenir compte des autres phénomènes économiques et politiques, extrêmement importants, qui l'accompagnent. Nous allons examiner quelques-uns de ces phénomènes, pris parmi les principaux.

Lors d'un emprunt gouvernemental ou communal, il ne faut pas croire que le pays créditeur reçoit uniquement les intérêts de l'emprunt. Généralement, l'accord prévoit une multitude d'obligations et, en premier lieu, l'obligation de passer des commandes (armes, munitions, navires de guerre, matériel roulant, etc.) ou l'octroi de concessions pour la construction de voies ferrées, de tramways, l'installation de lignes télégraphiques et téléphoniques, la construction de ports, l'exploitation de mines, de forêts, etc. Ces arrangements sont stipulés directement comme conditions dans les clauses de l'emprunt, ou bien sont la suite logique de la « marche des événements ». A titre d'exemple, nous citerons les stipulations d'une concession accordée en

---

1. Sartorius von WALTERSHAUSEN, *l. c.*, p. 179.
2. *Ibid*, p. 180.

1913, à la Banque persane d'escompte et de prêt (qui, en réalité, est une banque russe) par le Gouvernement persan pour la construction du chemin de fer Dizfou-Tauris :

L'écartement des voies est celui qui existe en Russie. La durée de la concession est de 75 ans. Le gouvernement persan aura le droit de racheter le réseau au bout de 35 ans en remboursant tous les capitaux engagés avec 5 % d'intérêts si ces derniers ont été déjà retirés de la concession. La Banque acquiert, en vertu de la concession, le droit d'exploiter les gisements carbonifères et pétrolifères dans un rayon de 60 verstes des deux côtés de la voie ferrée et de construire des embranchements aboutissant à ces exploitations. La Banque acquiert également un droit préférentiel pour la construction du chemin de fer Tauris-Kasvin, un droit exclusif pour la construction de la voie ferrée entre ces deux localités dans un délai de 8 ans et l'exploitation des gisements houillers et pétrolifères dans un rayon de 60 verstes des deux côtés de la voie. Outre le versement, au profit du concessionnaire, de 7 % d'intérêts à prélever sur les bénéfices du réseau pour tous les capitaux investis dans la construction, ce qui restera du revenu net sera partagé par moitié entre le concessionnaire et le Gouvernement persan. Pour les exploitations de gisements houillers et pétrolifères, le concessionnaire verse au Gouvernement persan 5 % du revenu net. Toutes les entreprises du concessionnaire sont définitivement exemptées de toutes espèces de redevances et d'impôts persans [1].

Aux « moyens de pression » vient encore s'ajouter la pression exercée par le Gouvernement sous forme d'interdiction de coter les titres d'emprunts étrangers et les titres de valeurs. Ainsi, par un décret spécial en date du 6 février 1880, le Ministre des Finances français a été investi de pleins pouvoirs pour interdire les transactions sur les titres étrangers, et empêcher que les emprunts étrangers soient cotés dans les Bourses françaises. (En 1909, le Gouvernement français a refusé un emprunt à l'Argentine qui, en 1908, avait passé ses commandes à Krupp, au lieu de les donner à Schneider, du Creusot; en 1909, un emprunt bulgare échoua parce que les commandes n'étaient pas suffisamment garanties; il passa ensuite à un consortium de banques austro-allemand; depuis 40 années, les fonds

---

1. M. P. Pavlovitch : *Les grandes voies terrestres et maritimes de l'avenir*, Saint-Pétersbourg, 1913, p. 143.

d'Etat allemands n'ont pas accès à la cote : en septembre 1910, un emprunt hongrois fut repoussé; un emprunt serbe a été conclu moyennant des commandes à Schneider; après la Révolution de 1905, les Russes donnèrent des commandes de navires de guerre à la France moyennant des emprunts, etc.) [1].

Outre les commandes et les concessions, on peut encore mettre comme conditions à la conclusion d'un emprunt certains avantages à inclure dans les traités de commerce (voir, par exemple, le traité de commerce franco-russe du 16/25 septembre 1905, prorogé jusqu'en 1917; le traité de commerce franco-suédois du 2 décembre 1908 ; l'accord commercial de 1908 avec le Danemark; le tarif douanier franco-japonais du 13 août 1911; en même temps, refus de laisser coter à la Bourse de Paris les actions de l'*United States Steel Corporation*, à cause des droits de douane frappant les vins, les soieries et les automobiles, en vertu du Payne-Tarif américain de 1909) [2].

Enfin, lorsque de simples particuliers et des établissements industriels et bancaires exportent du capital, l'exportation des marchandises de la métropole en est accrue du fait que les entreprises étrangères représentent elles-mêmes une certaine demande de marchandises et que, d'autre part, elles développent par leur activité un marché qui, en grande partie, dépend d'elles. Il faut tenir compte du fait que les entreprises « étrangères » sont, comme nous l'avons vu dans la première partie, des entreprises financées par de grandes banques ou par des consortiums bancaires et disposant d'une puissance économique considérable [3]. En voici un exemple. Dans le Cameroun allemand, un tiers de la terre est propriété privée et appartient en grande partie à deux compagnies. La *Compagnie du Cameroun du Sud* possède 7.700.000 hectares, la *Compagnie du Cameroun du Sud-Ouest*, 8.800.000 hectares, c'est-à-dire

---

1. S. SCHILDER, *l. c.*, p. 343 et suiv.
2. *Ibid.*, p. 353.
3. Dans l'ouvrage de M. Pavlovitch, le lecteur trouvera de nombreux exemples de politique bancaire dans le domaine de la construction ferroviaire, politique par laquelle des pays entiers sont livrés en pâture aux requins capitalistes nationaux.

une superficie 6 fois supérieure à celle du royaume de Saxe (1.500.000 hectares) et plus vaste que toute la Bavière (7.600.000 hectares) [1]. A défaut de territoires, la force financière est là pour y suppléer. Lorsque la *Deutsche Bank* construit le chemin de fer de Bagdad, elle ne fait pas qu'employer en Turquie du matériel allemand pour les besoins du chemin de fer, elle crée en outre tout un réseau de marchés où il est facile aux marchandises allemandes de pénétrer. Ainsi l'exportation de capital crée, par surcroît, des conditions favorables pour l'industrie du pays d'origine de ce capital.

L'exportation de capital aggrave singulièrement les rapports entre les grandes puissances. Déjà la lutte pour les possibilités d'investissement de capital, autrement dit, la lutte pour les concessions et ainsi de suite, est continuellement appuyée par la pression de la force militaire. Tout gouvernement ou « pays » où opèrent les financiers des grandes puissances cède généralement à celui des concurrents qui lui paraît militairement le plus fort. Si, aujourd'hui, certains pacifistes (les pacifistes anglais notamment) croient pouvoir agir sur les classes dominantes par des arguments logiques et les persuader de désarmer en faisant valoir que les marchandises trouveront à s'écouler indépendamment de la quantité de dreadnoughts, ils seront cruellement déçus. Car la politique « pacifique » qui se pratiquait avant la guerre, et qui se pratiquera après, a été appuyée à tout moment par la menace de recourir à la force militaire. Comme le dit très justement l'écrivain anglais Brailsford, « la guerre permanente de l'acier et de l'or ne cesse pas un instant, même en temps de paix » [2]. Sartorius, le grand théoricien de l'impérialisme allemand, brosse en traits plus vifs encore le tableau de cette concurrence acharnée :

L'industrialisation du monde est un fait dont toute la politique économique est obligée de tenir compte... Il n'est au pou-

---

1. Voir l'intéressant ouvrage : *Deutsche Kolonialreform*, notamment la deuxième partie, intitulée : *Staatsstreich oder Reformen,* Zurich, 1905, p. 1318.
2. H. N. Brailsford : *The War of Steel and Gold,* 1914.

voir de personne d'arrêter la marche de l'évolution, et si un gouvernement interdisait à ses ressortissants de fonder des établissements à l'étranger, les hommes d'affaires d'un autre Etat seraient seuls à en tirer profit. C'est pourquoi le mieux qu'on puisse faire à l'heure actuelle est de se mêler au jeu. Le monde économique ne reste pas figé sur place, un changement en appelle un autre. Un peuple fort a toujours la possibilité d'intervenir. Le *carpe diem* a ici toute sa valeur [1].

Or, si la pression de la force militaire assure des concessions et des privilèges de toutes sortes, le fonctionnement ultérieur du capital exige encore une « protection » particulière. Autrefois, le centre de gravité se situait dans l'exportation marchande, et les exportateurs ne risquaient que leurs marchandises, c'est-à-dire leur capital de roulement. Aujourd'hui, il en est tout autrement. D'immenses sommes fonctionnent en « pays étranger », la plupart du temps sous forme de capital de fonds investi dans de vastes entreprises : chemins de fer couvrant des milliers de vestes, coûteuses entreprises électriques, grandes plantations, etc.. Les capitalistes du pays exportateur sont très fortement intéressés à la « défense » de leurs richesses, et ils sont prêts à tout pour se réserver la possibilité de continuer leur accumulation [2].

Si, d'autre part, le pays exploité est militairement faible, la « pénétration pacifique » du capital se transforme bientôt en occupation également « pacifique » ou en partage, à moins qu'elle n'entraîne encore un conflit armé entre les pays en compétition pour la possession des sphères d'investissement de capital. Sous ce rapport, le sort de la Turquie, en raison de la concurrence franco-allemande, est typique. A titre d'illustration, nous nous bornerons à citer deux extraits des écrits d'impérialistes français et allemands

---

1. SARTORIUS, *l. c.*, p. 190-191.
2. « Le capital — dit le rédacteur de la *Quaterly Review* — évite le bruit et la lutte ; il est craintif de nature. C'est exact, mais toute la vérité n'est pas là. Le capital a peur lorsque le profit fait défaut ou lorsqu'il est trop maigre, il est comme la nature qui a horreur du vide. Un profit convenable le rend audacieux. Dix pour cent d'intérêts assurés et l'on en peut faire ce que l'on veut : 20 %, il est plein de vie ; 50 %, et il devient positivement un coupe-jarret. Pour 100 %, il écrase sous son talon toutes les lois humaines et il n'est pas de crimes auxquels il ne soit résolu, même sous la menace du gibet » (Cité par Marx).

qui ont paru bien avant la guerre : « L'Empire turc est submergé par des hordes germaniques de commerçants et de commis-voyageurs ». « Ainsi, peu à peu, le réseau des banques allemandes gagne tout l'Empire Ottoman, soutenant l'industrie, accaparant les moyens de transport, concurrençant les établissements financiers étrangers... En un mot, grâce à un puissant appui politique, ces banques s'efforcent d'asseoir définitivement l'influence allemande dans tout le Levant » [1].

Telle est l'indignation que manifeste un bourgeois français à l'idée des « hordes germaniques ». Or, la même indignation se retrouve chez le bourgeois allemand :

Les Français cherchent méthodiquement à faire de la Turquie leur débiteur-esclave par des prêts qui atteignent à ce jour 2 milliards 200 millions de francs. De cette somme, un demi-milliard est allé uniquement à la construction des chemins de fer, de sorte qu'à l'heure actuelle la France a construit plus de voies ferrées que n'importe quelle autre nation. Les ports principaux de la Turquie, comme Constantinople, Salonique, Smyrne et Beyrouth, sont entre les mains des Français. Il en est de même des phares des côtes turques. Enfin, la principale banque de Turquie, la *Banque Ottomane*, fonctionne à Constantinople sous l'influence complète de la France : qui donc pourrait se soustraire, en politique, à cette puissante pression financière ! La diplomatie française, surtout depuis quelque temps, exploite de la façon la plus active cette position privilégiée [2].

L'exportation de capital, avec ses proportions actuelles et son importance, est provoquée, comme on voit, par les particularités de l'évolution économique des dernières années. Si on l'examine du point de vue de l'expansion des formes d'organisation du capitalisme moderne, elle n'est pas autre chose que la conquête et la monopolisation de nouvelles sphères d'investissement de capital par les monopoles d'une grande puissance, ou bien — en prenant le processus dans son ensemble — par une industrie nationale organisée, ou par un capital financier national.

---

1. Dubief : *Le chemin de fer de Bagdad (Revue économique internationale*, 1912, tome II, p. 7 et suiv.).

2. *Deutsche Kolonialreform*, p. 1396-1397. Il ne faut pas oublier que cet ouvrage a été écrit en 1905. Depuis, le rapport des forces comme la carte du monde se sont sérieusement modifiés.

L'exportation de capital constitue la méthode la plus commode de la politique économique des groupes financiers qui, le plus facilement du monde, s'assujettissent de nouvelles contrées. Voilà pourquoi *l'aggravation de la concurrence entre les divers Etats apparaît là avec un relief particulier. Ainsi l'internationalisation de la vie économique, ici aussi, conduit fatalement à trancher par le glaive les questions litigieuses.*

CHAPITRE VIII

—

L'économie mondiale et l'État national

1. La reproduction du capital mondial et les racines de l'expansion
capitaliste. — 2. La surproduction des produits industriels, la
sous-production des produits agricoles et la surproduction de capital, trois aspects d'un même phénomène. — 3. Le conflit entre
l'économie mondiale et les cadres de l'Etat national. — 4. L'impérialisme politique du capital financier. — 5. L'idéologie de
l'impérialisme.

Les frictions et conflits qui surgissent fatalement
entre groupes nationaux de la bourgeoisie dans la société
moderne, en se développant, conduisent à la guerre,
unique moyen, selon les milieux dirigeants, de trancher
la question.

Comme nous l'avons vu, ces frictions et conflits sont
dûs aux modifications survenues dans les conditions de
reproduction du capital mondial. La société capitaliste,
édifiée sur un amas d'éléments antagonistes, ne peut se
maintenir dans un équilibre relatif qu'au prix de crises
douloureuses. L'adaptation des différentes pièces de l'organisme social ne peut s'effectuer que moyennant une formidable dépense improductive d'énergie, des faux frais
considérables, qui découlent de la nature de la société capitaliste elle-même, expression déterminée d'une phase de
l'évolution historique.

Nous avons mis à nu les trois mobiles essentiels de
la politique de conquête des Etats capitalistes contemporains : aggravation de la concurrence pour la possession
des débouchés, des marchés de matières premières et des
sphères d'investissement de capital, voilà à quoi ont abouti
le nouveau développement du capitalisme et sa transformation en capitalisme financier.

Or, ces trois racines de la politique du capitalisme financier ne sont au fond que *trois aspects d'un même phénomène : le conflit entre le développement des forces productives et la limitation nationale de l'organisation productive.*

En effet, une surproduction de produits industriels est une sous-production de produits agricoles. Cette sous-production nous importe, en l'occurrence, dans la mesure où la demande de l'industrie est démesurément élevée, c'est-à-dire dans la mesure où des masses considérable de produits fabriqués par l'industrie ne peuvent être échangés contre des produits de l'agriculture; en d'autres termes, dans la mesure, où entre ces deux branches, la proportion de production est rompue (et se rompt de plus en plus). C'est pourquoi l'industrie grandissante se cherche un « complément économique » agraire, ce qui dans le cadre du capitalisme — et surtout avec l'existence de ces éléments monopolisateurs, c'est-à-dire le capital financier — amène fatalement la subordination des pays agraires par la force militaire.

Tout à l'heure, il était question de l'échange. Or, l'exportation de capital elle-même ne constitue pas un phénomène isolé. Elle repose, comme nous l'avons déjà vu, sur une surproduction relative au capital. Toutefois, cette surproduction n'est, encore une fois, rien de plus qu'un autre aspect de la surproduction marchande.

La surproduction de capital écrit Marx — n'est jamais qu'une surproduction de moyens de travail et d'existence pouvant être appliqués à l'exploitation des travailleurs à un degré déterminé... Le capital se compose de marchandises ; donc la surproduction de capital présuppose une surproduction de marchandises [1].

Et inversement : lorsqu'il y a diminution de la surproduction de capitaux, il y a diminution de la surpro-

---

1. Karl MARX : *Le Capital*, livre III, p. 273-279. C'est pourquoi les facteurs déterminant l'exportation des marchandises (écoulement, matières premières, main-d'œuvre, etc.) peuvent également déterminer l'exportation de capital. Consulter à ce sujet Herman SCHUMACHER : *Weltwirtschaftliche Studien*, Leipzig, 1911. Art. : *Die Wanderunger der Grossindustrie in Deutschland und Vereinigten Staaten*, notamment les pages 406-407.

duction de marchandises. Ainsi, l'exportation de capital, en diminuant la surproduction de capitaux, contribue à la diminution de la surproduction marchande (entre parenthèses, constatons que si, par exemple, des poutres en fer sont exportées pour être vendues, il y a là une simple exportation marchande; si la maison qui a produit les poutres fonde un établissement à l'étranger et exporte ses marchandises pour l'outiller, il y a, à ce moment, exportation de capital; dans ces conditions, le critérium est de savoir s'il y a ou non transaction de vente et d'achat.

Or, outre une simple « raréfaction », dans la mesure où celle-ci résulte de l'exportation de capital sous forme marchande, il y a encore, par la suite, un rapport entre l'exportation de capital et la diminution de la surproduction marchande. Otto Bauer a très bien défini ce rapport.

Dans ces conditions, dit-il, l'exploitation des pays économiquement retardataires par les capitalistes d'un pays européen quelconque a deux sortes de conséquences : directement, la création pour le capital de nouvelles sphères d'investissement dans un pays colonial et, en même temps, un écoulement accru pour l'industrie du pays dominateur ; indirectement, de nouvelles sphères d'investissement de capital à l'intérieur même du pays dominateur et accroissement de l'écoulement pour les produits de la totalité des branches de son industrie [1].

Ainsi, si l'on examine la question sous toutes ses faces et, en outre, sous son aspect objectif, c'est-à-dire, du point de vue des conditions d'adaptation de la société moderne, on constate un manque d'harmonie grandissant entre la base de l'économie sociale du monde et la structure de classe spécifique de la société où la classe dirigeante elle-même (la bourgeoisie) est scindée en groupes nationaux, aux intérêts économiques discordants, groupes qui, tout en étant opposés au prolétariat mondial, agissent en même temps en concurrents dans le processus du partage de la plus-value produite dans la totalité du monde. La production revêt un caractère social. La division internationale du travail fait des modes nationaux de la pro-

---

1. Otto BAUER : *La question nationale et la social-démocratie.*

duction privée des parties intégrantes du vaste processus ~~universel du travail~~ qui embrasse la quasi-totalité de l'humanité. L'assimilation prend le caractère d'une assimilation nationale où, comme agent, agissent les puissantes unions nationales de la bourgeoisie financière capitaliste. Dans le cadre étroit des frontières nationales s'opère le développement des forces productives qui ont déjà débordé ce cadre. Dans ces conditions, le conflit éclate fatalement. Il est tranché sur la base capitaliste par l'élargissement violent des frontières nationales, dont la conséquence est de provoquer de nouveaux conflits de plus en plus considérables.

Les divers groupes nationalement organisés de la bourgeoisie, avec leurs intérêts contradictoires, constituent l'agent social de propagation de cet antagonisme. Le développement du capitalisme mondial, d'une part, aboutit à l'internationalisation de la vie économique et au nivellement économique, et, d'autre part, dans une mesure infiniment plus grande, aggrave à l'extrême la tendance à la nationalisation des intérêts capitalistes, à la formation de groupes nationaux étroitement liés, armés jusqu'aux dents et prêts à tout moment à se jeter les uns sur les autres. On ne saurait mieux définir que ne l'a fait R. Hilferding les buts essentiels de la politique moderne.

La politique du capital financier, écrit-il, poursuit un triple but : premièrement, la création d'un territoire économique aussi vaste que possible ; deuxièmement, la défense de ce territoire contre la concurrence étrangère par des barrières douanières et, par suite, troisièmement, sa transformation en champ d'exploitation pour les monopoles du pays [1].

L'expansion du territoire économique livre aux cartels nationaux des régions agraires et, par conséquent, des marchés de matières premières, accroît les débouchés et la sphère d'investissement de capital; la politique douanière permet d'écraser la concurrence étrangère, d'obtenir de la plus-value et de mettre en mouvement le bélier du « dumping ». Tout l'ensemble du système contribue à

---

1. Rudolph HILFERDING : *Le capital financier*, p. 435.

augmenter le taux de profit des monopoles. *Or, cette politique du capital financier, c'est l'impérialisme.*

Cette politique implique des méthodes violentes, puisque l'élargissement du territoire notional, c'est la guerre. Mais il ne s'ensuit pas, évidemment, que toute guerre et toute expansion du territoire national présupposent une politique impérialiste; l'élément déterminant est le fait qu'une guerre est l'expression de la politique du capital financier, ce terme pris dans le sens dont nous avons parlé précédemment. Là comme ailleurs, nous rencontrons certaines formes intermédiaires dont l'existence ne compromet pas la définition essentielle. C'est pourquoi des tentatives comme celles de l'économiste et sociologue italien bien connu, Achille Loria, de bâtir deux notions de l'impérialisme qui dissimuleraient « des relations tout à fait hétérogènes », sont radicalement fausses [1]. Loria fait une distinction entre l'impérialisme « économique » et l'impérialisme « commercial ». Le premier a pour objet les pays tropicaux, le second, les pays dont les conditions sont propices à la colonisation européenne; la force armée est la méthode du premier; les accords pacifiques, la méthode du second; le premier ne connaît ni nuances, ni gradations; le second a le don de les connaître en tenant, à côté d'une assimilation maximum ou d'une union économique unique, une formule élastique comme les tarifs préférentiels entre colonies et métropole, etc.

Telle est la théorie de Loria. Il est évident que tout cela est tiré par les cheveux. Au fond, l'impérialisme commercial comme l'impérialisme économique sont, ainsi que nous l'avons vu précédemment, l'expression de tendances identiques. La barrière des tarifs douaniers et leur augmentation, si elles n'ont pas abouti dans la phase actuelle à un conflit armé, y aboutiront dans la phase prochaine. Ainsi, il n'est pas possible d'opposer les « accords pacifiques » à la « force armée » (les accords pacifiques de l'Angleterre avec les colonies sont une aggravation des rapports entre l'Angleterre et les autres pays); de même,

---

1. V. Achille Loria : *Les deux notions de l'impérialisme* (Revue écon. int., 1907, t. III, p. 459 et suiv.).

il n'est pas possible de parler du caractère exclusivement
« tropical » de l'impérialisme « économique » : le sort de
la Belgique, de la Galicie, de l'Amérique du Sud, de la
Chine, de la Turquie et de la Perse en est la meilleure
preuve.

Récapitulons. Le développement des forces productives du capitalisme mondial a fait, au cours des dernières
décades, un bond gigantesque. Partout, dans le processus
de lutte pour la concurrence, la grande production est
sortie victorieuse, en groupant les « magnats du capital »
en une organisation de fer, qui a étendu son emprise sur
la totalité de la vie économique. Une oligarchie financière
s'est installée au pouvoir et dirige la production liée par
les banques en un seul faisceau. Ce processus d'organisation de la production est parti d'en bas pour se consolider dans les cadres des Etats modernes devenus les inter-
prètes fidèles des intérêts du capital financier. Chacune
des « économies nationales » développées, dans le sens
capitaliste du mot, s'est transformée en une espèce de
trust national d'Etat. D'autre part, le processus d'organisation des parties économiquement avancées de l'économie
mondiale est accompagné d'une aggravation extrême de
leur concurrence mutuelle. La surproduction de marchandises, inhérente au développement des grandes entreprises,
la politique d'exportation des cartels et l'étrécissement des
débouchés par suite de la politique coloniale et douanière
des puissances capitalistes ; la disproportion croissante
entre l'industrie au développement formidable, et l'agriculture retardataire ; enfin, l'immense extension de l'exportation du capital et l'assujettissement économique de
pays entiers à des consortiums bancaires nationaux portent
au paroxysme l'antagonisme entre les intérêts des groupes
nationaux du Capital. Ces groupes puisent leur dernier
argument dans la force et dans la puissance de l'organisation d'Etat et, en premier lieu, de leur flotte et de leurs
armées. Un puissant Etat militaire est le dernier atout dans
la lutte des puissances. Ainsi la capacité combattive sur
le marché mondial dépend de la force et de la cohésion de
la nation, de ses ressources financières et militaires. Une

unité économique et nationale se suffisant à elle-même, élargissant sans fin son immense force jusqu'à gouverner le monde dans un empire universel, tel est l'idéal rêvé par le capital financier.

D'un œil assuré, il regarde le mélange babylonien des peuples et, au-dessus des autres, il voit sa propre nation. Elle est réelle, elle vit dans son puissant Etat, multipliant sans cesse sa force et sa grandeur. A son élévation toutes ses forces sont vouées. Ainsi, on obtient la subordination des intérêts de l'individu aux intérêts généraux supérieurs qui constituent la condition de toute idéologie sociale vitale ; l'Etat, ennemi du peuple, et la nation ne font qu'un et l'idée nationale, force motrice, est subordonnée à la politique. Les contradictions de classe ont disparu, supprimées, englouties par le fait que tout est mis au service des intérêts du tout. La dangereuse lutte de classe, grosse pour les possédants de conséquences inconnues, a fait place aux actions générales de la nation, cimentée par un but identique : la grandeur nationale [1].

Les intérêts du capital financier se couvrent ainsi d'une formule idéologique élevée, qu'on s'efforce par tous les moyens d'inculquer à la masse ouvrière. Comme le remarque fort justement, de son point de vue, un impérialiste allemand : « Il faut établir son autorité non seulement sur les pieds des soldats, mais encore sur leur esprit et sur leur cœur [2] ».

---

1. R. Hilferding, *l. c.*, p. 515, trad. russe.

2. *Die deutsche Finanz-Reformen der Zukunft III Teil von « Staatsreich oder Reformen » von einem Ausland deutschen*, Zurich 1907, p. 203.

TROISIÈME PARTIE

L'impérialisme, reproduction élargie de la concurrence capitaliste

CHAPITRE IX

L'impérialisme, catégorie historique

1. Conception vulgaire de l'impérialisme. — 2. Rôle de la politique dans la vie sociale. — 3. Méthodologie des classifications dans la science sociale. — 4. L'époque du capital financier, catégorie historique. — 5. L'impérialisme, catégorie historique.

Dans les chapitres précédents, nous nous sommes efforcés de montrer que la politique impérialiste n'apparaît qu'à un certain degré de développement historique. Une série de contradictions du capitalisme se nouent à ce moment en un seul faisceau qui, pour quelque temps, est tranché par la guerre, pour se reconstituer dans la phase suivante plus solidement encore. La politique et l'idéologie des classes dirigeantes surgissant à cette phase de développement doivent être, dès lors, caractérisées comme un phénomène spécifique [1].

---

1. Nous parlons de l'impérialisme en le considérant surtout comme la politique du capital financier. Mais on peut aussi parler de l'impérialisme en le considérant comme une idéologie. Il en est de même du libéralisme qui est, d'un côté, la politique du capital industriel (libre-échange, etc.), mais qui désigne en même temps toute une idéologie (« liberté individuelle », etc.).

En littérature courante, deux soi-disant « théories »
de l'impérialisme sont actuellement prépondérantes. Une,
voit dans la politique moderne de conquête une lutte de
races : « race slave », « race teutonne », et selon que l'on
appartient à tel groupe ou à tel autre, on attribue à ces
« races » toutes les tares ou toutes les vertus. Quelle que
soit l'ancienneté et la vulgarité de cette « théorie », elle se
maintient jusqu'ici avec la persistance d'un préjugé, trou-
vant un terrain propice dans le développement du « sen-
timent national » des classes directement intéressées à
exploiter les survivances des vieilles formations psycholo-
giques dans l'intérêt de l'organisation d'Etat du capital
financier.

Il suffit, pour détruire cette théorie et ne laisser pierre
sur pierre de cet édifice, d'indiquer quelques faits. Les
Anglo-Saxons, qui ont la même origine que les Allemands,
sont leurs plus farouches ennemis ; les Bulgares et les
Serbes, qui parlent presque la même langue, qui sont foncièrement slaves, se trouvent des deux côtés des tranchées.
Bien plus. Les Polonais recrutent dans leur sein des partisans enthousiastes de l'orientation autrichienne comme de
l'orientation russe. Il en est de même des Ukraniens, dont
une partie est russophile, et l'autre austrophile. D'autre
part, chacune des coalitions belligérantes groupe les races,
les nationalités, les tribus les plus hétérogènes.

Qu'y a-t-il de commun, du point de vue race, entre les
Anglais, les Italiens, les Russes, les Espagnols et les sauvages noirs des colonies françaises que la « glorieuse République » mène au carnage, comme les anciens Romains y
menaient leurs esclaves coloniaux ? Quoi de commun entre
les Allemands et les Tchèques, les Ukraniens et les Hongrois, les Bulgares et les Turcs, qui marchent ensemble
contre la coalition des pays alliés ? Il est bien évident que
ce n'est pas la race, mais les organisations d'Etat de certains groupes de la bourgeoisie qui mènent la lutte. Il est
tout aussi évident que telle ou telle coalition des « forces
des puissances » est déterminée non pas par la communauté de quelques problèmes de race, mais par une communauté de buts capitalistes à un moment donné. Ce n'est

pas sans raison que les Serbes et les Bulgares qui, il y a quelques années, marchaient ensemble contre la Turquie, sont aujourd'hui partagés en deux camps ennemis. Ce n'est pas sans raison que l'Angleterre, antérieurement ennemie de la Russie, se fait aujourd'hui sa protectrice. Ce n'est pas sans raison que le Japon emboîte le pas à la bourgeoisie russe, alors que dix ans auparavant le Capital japonais combattait le Capital russe les armes à la main [1].

Si, loin de toute déformation, l'on se place à un point de vue strictement scientifique, l'inconsistance de cette théorie saute aux yeux. Malgré son évidente fausseté cette théorie n'en est pas moins fortement développée dans la presse comme dans les chaires universitaires, pour la « bonne raison » qu'elle permet pas mal de profit à Sa Majesté le Capital [2].

En toute justice, il est bon cependant de constater que, dans les milieux « scientifiques » impérialistes, au fur et à mesure que s'opère la consolidation nationale des différentes « races » cimentées par la main de fer de l'Etat militariste, on assiste à des velléités moins vulgaires, mais tout aussi inconsistantes, d'édifier une théorie imbue d'un certain caractère psychologique territorial. La « race » fait place à un succédané désigné sous le nom d' « humanité » « européenne », « américaine », etc. [3]. Cette théorie est aussi éloignée du vrai, puisqu'elle ignore le caractère essentiel de la société moderne, sa structure de classe, et qu'elle remplace les intérêts de classe des couches sociales supérieures par les intérêts, dits « généraux », du « tout ».

Une dernière « théorie » largement répandue de l'impérialisme définit celui-ci comme une politique de conquête

---

1. Kautsky ridiculise avec beaucoup d'à-propos la « théorie des races ». Voir son livre paru pendant la guerre : *Rasse und Judentum*.

2. La littérature « scientifique » de la période de guerre abonde en exemples vraiment phénoménaux de violences sauvages contre les vérités les plus élémentaires. On cherche tous les moyens de démontrer l'absence complète de culture et la nature abominable de la « race » de l'ennemi. Une revue française a publié une espèce d' « analyse » pour démontrer à ses lecteurs que l'urine allemande contient un tiers de poison de plus que l'urine alliée, en général, et l'urine française, en particulier.

3. V. F. NAUMANN : *Mitteleuropa*.

en général. De ce point de vue, on peut en dire autant de l'impérialisme d'Alexandre de Macédoine et des conquerants espagnols, de Carthage et de Jean III, de l'ancienne Rome et de l'Amérique moderne, de Napoléon et de Hindenburg.

Quelle que soit sa simplicité, cette théorie n'en est pas moins absolument fausse. Elle est fausse parce qu'elle « explique » tout, c'est-à-dire juste rien.

Toute politique des classes dominantes (politique « pure », politique militaire, politique économique) a une fonction bien définie. Se développant sur le terrain d'un mode de production donné, elle sert *de moyen pour la reproduction simple et élargie de rapports de production donnés.* La politique des féodaux affermit et étend les rapports de production féodaux. La politique du capital commercial élargit la sphère de domination du capitalisme commercial. La politique du capitalisme financier reproduit, dans une mesure accrue, la base de production du capital financier.

Il est évident que l'on peut en dire autant de la guerre. *La guerre est un moyen de reproduction de certains rapports de production.* La guerre de conquête est un moyen de reproduction élargie de ces rapports. Or, donner à la guerre la simple définition de guerre de conquête, c'est tout à fait insuffisant, pour la bonne raison que l'essentiel n'est pas indiqué, à savoir, quels sont les rapports de production que cette guerre affermit et étend, et quelle est la base qu'une « politique de rapine » donnée est appelée à élargir [1].

La science bourgeoise ne le voit pas et ne veut pas le voir. Elle ne comprend pas que l'économie sociale doit servir de classification essentielle pour les diverses « politiques », car c'est sur la base de cette économie que surgissent ces politiques. Bien plus, elle est encline à ne pas voir les différences énormes qui existent entre les différentes périodes du développement économique. Et c'est au moment

---

1. On connaît la thèse de Clausewitz : que la guerre est la continuation de la politique par d'autres moyens. Or la politique elle-même est la « continuation » active dans l'espace d'un mode de production donné.

où tout le caractère spécifique du processus historique et économique de notre époque saute aux yeux, que l'école autrichienne et anglo-américaine, la moins historique de toutes, est venue nicher dans l'économie politique bourgeoise[1]. Publicistes et savants s'efforcent de représenter l'impérialisme actuel sous les couleurs de la politique des héros de l'antiquité avec leur « imperium ».

Telle est la méthode des historiens et économistes bourgeois : dissimuler la différence fondamentale entre le régime esclavagiste du « monde antique », avec ses embryons de capital commercial et d'artisanat, et le « capitalisme moderne ». En l'occurrence le but est clair : il faut montrer et « prouver » la stérilité des aspirations de la démocratie ouvrière, en la logeant à la même enseigne que le *lumpenproletariat*, les ouvriers et les artisans de l'antiquité.

Scientifiquement, toutes ces théories sont foncièrement fausses. Si l'on doit comprendre théoriquement une phase quelconque de l'évolution, il faut la comprendre dans ses particularités, dans ses traits distinctifs, dans ses conditions spécifiques inhérentes à elle et à elle seulement. Celui qui, à l'instar du « colonel Torrens », voit dans le bâton du sauvage la genèse du capital, ou celui qui, à la manière de « l'école autrichienne » d'économie politique, définit le capital comme un mode de production (ce qui, au fond, revient au même) ne sera jamais en état de pénétrer le sens des tendances du développement capitaliste et de les englober dans une conception théorique unique. De même, l'historien ou l'économiste qui placerait sur le même plan la structure du capitalisme moderne, c'est-à-dire les rapports de production modernes, et les multiples types de rapports de production qui ont abouti aux guerres de conquêtes, ne comprendrait rien au développement de l'économie mondiale contemporaine. Il faut mettre à part ce qu'il y a de spécifique, de distinctif dans notre époque et en faire l'analyse. Telle a été

---

1. Il est singulier que même des savants comme l'historien russe R. Vipper aiment à « moderniser » outre mesure les événements, en faisant disparaître toutes les bornes historiques. D'ailleurs Vipper s'est révélé, ces derniers temps, calomniateur chauvin effréné et a trouvé asile chez le citoyen Riabouchinsky.

la méthode de Marx et telle doit être la façon d'un marxiste d'aborder l'analyse de l'impérialisme [1].

Maintenant, nous comprenons qu'il n'est pas possible de se borner à l'analyse des seules formes par lesquelles se manifeste telle ou telle politique; on ne peut pas, par exemple, se contenter d'une définition comme politique de « conquête », politique « d'expansion », politique de « violence », etc. Il faut faire l'analyse de la base sur laquelle cette politique se développe et à l'élargissement de laquelle elle est destinée. Dans ce qui précède nous avons défini l'impérialisme comme la politique du capital financier. Par là, sa fonction est mise à jour. Cette politique est l'agent de la structure financière capitaliste, elle assujettit le monde à la domination du capital financier ; aux anciens rapports de production précapitalistes ou capitalistes elle substitue les rapports de production du capitalisme financier. De même que le capitalisme (ne pas confondre avec le capital-argent : la caractéristique du capital financier est d'être simultanément capital bancaire et capital industriel) est une époque historiquement limitée, caractéristique pour les dernières décades seulement, de même l'impérialisme, politique du capitalisme financier, est une catégorie spécifiquement historique.

L'impérialisme est une politique de conquête. Mais toute politique de conquête n'est pas de l'impérialisme. Le capital financier ne peut pas faire d'autre politique. C'est pourquoi, lorsque nous parlons de l'impérialisme, en tant que politique du capital financier, son caractère de conquête est sous-entendu ; en outre, *les rapports de production que reproduit cette politique de conquête* y sont également indiqués. Cette définition renferme encore une foule d'autres traits historiques et de caractéristiques. En effet, quand nous parlons de capital financier, nous entendons par là des organismes économiques hautement développés et, par conséquent, une certaine ampleur et une certaine

---

1. La méthode de l'économie marxiste est brillamment développée par Marx dans son *Einleitung zur einer Kritik der politischen Oekonomie*. (Ne pas confondre cet avant-propos avec la préface du *Zur Kritik*, qui contient les principes essentiels de la théorie du matérialisme historique.)

intensité de relations mondiales, l'existence d'une économie mondiale développée; par là nous supposons un certain niveau de forces productives, de formes organisées de la vie économique, certains rapports de classe et, par conséquent, un certain avenir des éléments économiques, etc. ; même la forme et le moyen de lutte, l'organisation du pouvoir, la technique militaire, etc., présupposent plus ou moins une valeur déterminée, tandis que la définition : « politique de conquête » s'applique indifféremment aux écumeurs de mer, aux caravanes de commerce et à l'impérialisme. En d'autres termes, la définition : « politique de conquête », ne définit rien du tout, tandis que la définition : « politique de rapine du capital financier » caractérise l'impérialisme comme une valeur historiquement définie.

De ce que l'époque du capitalisme financier est un phénomène historiquement limité, il ne s'ensuit pas, cependant, qu'elle soit apparue comme un *deus ex machina*. En réalité, elle est la suite historique de l'époque du capital industriel, de même que cette dernière est la suite de la phase commerciale capitaliste. C'est pourquoi les contradictions fondamentales du capitalisme qui, avec son développement, se reproduisent de plus en plus, trouvent dans notre époque une expression particulièrement violente. Il en est de même de la structure anarchique du capitalisme qui se manifeste dans la concurrence. Le caractère anarchique de la société capitaliste a son fondement dans le fait que l'économie sociale n'est pas une collectivité organisée mue par une volonté unique, mais un système d'économies liées entre elles par l'échange dont chacune produit à ses risques et périls, sans jamais être en état de s'adapter plus ou moins à l'importance de la demande et à la production des autres économies individuelles. D'où la lutte entre économies, et leur concurrence capitaliste. Les formes de cette concurrence peuvent être très différentes. La politique impérialiste étant une forme de lutte pour la concurrence, nous l'examinerons dans le chapitre suivant comme un cas particulier de la concurrence capitaliste, à savoir la concurrence à l'époque du capital financier.

CHAPITRE X

———

Reproduction du processus de concentration et de centralisation du capital à l'échelle mondiale

1. Concentration du capital. Concentration du capital dans les entreprises individuelles. Concentration du capital dans les trusts. Concentration du capital dans les économies nationales organisées (trusts capitalistes nationaux). — 2. Centralisation du capital. — 3. Lutte des entreprises individuelles ; lutte des trusts ; lutte des trusts capitalistes nationaux. — 4. L'expansion capitaliste moderne, cas particulier de la centralisation du capital. Absorption des structures monotypes (centralisation horizontale). Absorption des pays agraires (centralisation verticale, organisation combinée).

Les deux principaux processus du développement capitaliste sont les processus de concentration et de centralisation du capital — processus qui se confondent fréquemment, mais qu'il convient strictement de distinguer. Marx donne de ces notions la définition suivante :

Tout capital individuel, dit-il, est une concentration plus ou moins grande de moyens de production, avec le commandement correspondant d'une armée plus ou moins grande d'ouvriers. Toute accumulation devient moyen d'une accumulation nouvelle. A mesure qu'augmente la masse de la richesse fonctionnant comme capital, elle en étend la concentration entre les mains de capitalistes individuels : elle élargit donc sur une grande échelle la base de la production et des méthodes de production spécifiquement capitalistes... L'accroissement du capital social s'opère par l'accroissement de beaucoup de capitaux particuliers. Deux points caractérisent cette sorte de concentration *qui repose directement sur l'accumulation, ou plutôt se confond avec elle* [1]. En premier lieu, la concentration croissante des moyens sociaux de production entre les mains de capitalistes particuliers est limitée, toutes autres circonstances égales d'ailleurs, par le degré d'accroissement de la richesse sociale. En second lieu, la partie du capital social, localisée dans chaque sphère spéciale de la production, est répartie entre de nombreux

———

1. Souligné par nous.

capitalistes, indépendants et concurrents les uns des autres. A cette dispersion du capital social total en beaucoup de capitaux individuels, ou à cette répulsion réciproque de beaucoup de capitaux individuels, s'oppose sa force d'attraction. Ce n'est plus une concentration simple, identique à l'accumulation. C'est la concentration de capitaux déjà formés, la suppression de leur autonomie particulière, l'expropriation d'un capitaliste par un autre, la transformation de beaucoup de petits en peu de gros capitaux. Ce processus se distingue du premier en ce qu'il suppose simplement une répartition différente des capitaux existants et déjà en fonctions. Le capital s'accumule entre les mains d'un seul, parce qu'il échappe aux mains de beaucoup. *C'est la centralisation proprement dite, par opposition à l'accumulation et à la concentration* [1].

Ainsi, par concentration, nous entendons l'accroissement du capital par la capitalisation de la plus-value produite par ce même capital ; par centralisation, nous entendons la réunion de divers capitaux individuels en un seul. La concentration et la centralisation parcourent plusieurs phases de développement qu'il importe également d'examiner. A ce sujet, constatons que les deux processus, la concentration comme la centralisation, agissent constamment l'un sur l'autre. Une forte concentration de capital accélère l'absorption des entreprises plus faibles ; et inversement, la centralisation accroît l'accumulation du capital individuel et, par conséquent, aggrave le processus de concentration.

La forme initiale du processus de concentration est la *concentration du capital dans l'entreprise individuelle.* Cette forme a été prédominante jusqu'au dernier quart du siècle précédent. L'accumulation du capital social s'est traduite par une accumulation de capital de certains patrons opposés les uns aux autres par la concurrence. Le développement des sociétés anonymes, qui a permis d'employer les capitaux d'un grand nombre de patrons isolés et qui a porté un coup définitif au principe de l'entreprise individuelle, a créé, en même temps, les conditions nécessaires au développement des grands syndicats-monopoles de patrons. La concentration des capitaux a pris une forme différente : *la concentration dans les trusts.* L'accumulation du capital a cessé d'augmenter les capitaux des producteurs individuels ; elle s'est transformée en moyen d'accroître les capi-

---

1. Karl MARX : *Le Capital,* livre I, t. IV, p. 89-90.

taux des organisations patronales. L'allure de l'accumulation s'est singulièrement accentuée. Des masses considérables de plus-value, qui dépassent de beaucoup les besoins d'un groupe infime de capitalistes, se convertissent en capital pour commencer un nouveau cycle de circulation. Mais le développement ne s'en tient pas là. De multiple façon, des branches de production isolées s'amalgament en une association unique, dans une large mesure organisée. Le capital financier prend l'ensemble du pays dans son étau. *L'économie nationale se transforme en un gigantesque trust combiné, dont les actionnaires sont les groupes financiers et l'Etat. Nous désignons ces formations sous le nom de trusts capitalistes nationaux.* Certes, on ne peut pas, à proprement parler, assimiler leur structure à la structure du trust ; celui-ci constitue une organisation beaucoup plus centralisée et moins anarchique. Mais dans une certaine mesure, surtout par rapport à la phase précédente du capitalisme, les Etats économiquement développés sont pour ainsi dire arrivés à un point où on peut les considérer comme une espèce d'organisation trustifiée ou, conformément au nom que nous leur avons donné, comme des trusts capitalistes nationaux. Dès lors, on peut parler de *concentration de capital dans les trusts capitalistes nationaux*, considérés comme parties intégrantes d'un champ économique social beaucoup plus vaste : l'économie mondiale.

Certes, les premiers économistes avaient également parlé d' « accumulation de capital dans le pays ». C'était même un de leurs thèmes préférés, comme l'indique le titre du principal ouvrage d'Adam Smith. Mais alors cette expression avait un sens sensiblement différent, du fait que « l'économie nationale » ou « l'économie du pays » ne constituait nullement une entreprise collective capitaliste, un gigantesque trust combiné unique, formes qu'ont prises dans une large mesure les pays avancés du capitalisme moderne.

Parallèlement à la transformation des formes de concentration, il y eut transformation des formes de centralisation. Sous le régime de l'entreprise individuelle les capitalistes isolés luttaient par la concurrence. L' « économie nationale » et l' « économie mondiale » constituaient simplement les systèmes d'ensemble de ces unités relativement minimes « liées par l'échange et se faisant surtout concurrence dans les cadres nationaux ». Le processus de centralisation s'est traduit par l'absorption des petits capitalistes, et par le développement des grandes entreprises individuelles. Au fur et à mesure du développement des grandes et gigantesques entreprises, la tendance extensive de la concurrence alla constamment en diminuant (dans les frontières territoriales données), et le nombre des concurrents baissa parallèlement au processus de centralisation. Mais l'intensité de la concurrence augmenta dans une large mesure du fait qu'un nombre moindre de grandes entreprises jetèrent sur le marché une masse de marchandises inconnue des époques précédentes. La concentration et la centralisation de capitaux aboutirent ainsi à l'organisation des trusts. La lutte par la concurrence se fit plus âpre encore. De concurrence entre une multitude d'entreprises individuelles, elle se transforme en concurrence acharnée entre quelques vastes associations capitalistes poursuivant une politique compliquée et, en grande partie, calculée. La concurrence cesse-t-elle dans une branche entière de production, que la guerre éclate, plus violente, entre les syndicats industriels des autres branches, pour le partage de la plus-value : les organisations productrices de produits manufacturés s'insurgent contre les syndicats détenteurs de la production des matières premières, et inversement. Le processus de centralisation avance pas à pas. Les organisations combinées et les consortiums de banques groupent toute la production nationale, qui prend la forme d'une centrale d'unions industrielles et qui se transforme ainsi en trust capitaliste national. La concurrence atteint son développement maximum : *la concurrence des trusts capitalistes nationaux sur le marché mondial.* Dans le cadre des économies nationales la concurrence est réduite au minimum pour rebondir au dehors dans des proportions fantastiques, inconnues des époques historiques précédentes. Certes, la concurrence entre les économies nationales, c'est-à-dire entre leurs classes dominantes, existait auparavant. Mais elle avait un tout autre caractère du fait que la structure interne de ces économies nationales était bien différente.

L'économie nationale n'agissait pas sur le marché mondial comme un système homogène, organisé, d'une puissance économique considérable ; au sein de cette économie, la liberté de concurrence régnait sans conteste. Par contre, la concurrence sur le marché mondial était très peu développée. L'époque du capitalisme financier a tout bouleversé. Le centre de gravité passe dans la concurrence que se font des corps économiques géants, cohérents et organisés, disposant d'une énorme faculté combattive, dans le match mondial des nations. La concurrence se livre à ses orgies les plus excessives. Le processus de centralisation du capital se transforme et entre dans une phase supérieure. L'absorption des petits capitaux, des trusts trop faibles, des grands trusts même passe à l'arrière-plan et paraît un simple jouet devant l'absorption de pays entiers coupés par la violence de leurs centres économiques et intégrés dans le système économique des nations victorieuses. L'annexion impérialiste constitue donc un cas particulier de la tendance capitaliste générale à la centralisation du capital, centralisation dont l'ampleur doit être au niveau de la concurrence des trusts capitalistes nationaux. Cette lutte a pour arène, l'économie mondiale ; pour limites économiques et politiques, le trust universel, l'Etat mondial unique assujetti au capital financier des vainqueurs qui se sont tout assimilé — idéal que n'avaient jamais rêvé les esprits les plus audacieux des époques révolues.

On distingue deux genres de centralisation : premièrement, lorsqu'une unité économique en absorbe une autre similaire ; deuxièmement, la centralisation verticale, lorsqu'une unité économique en absorbe une autre appartenant à une branche étrangère. Dans le second cas, nous sommes en présence d'un « complément économique » ou d'une unité économique combinée. Aujourd'hui, quand la concurrence et la centralisation des capitaux se reproduisent à l'échelle mondiale, nous retrouvons ces deux types de centralisation. Si un pays, un trust capitaliste national en absorbe un autre plus faible, mais de structure économique à peu près semblable, nous obtenons une centralisation horizontale du capital. Si un trust capitaliste national s'annexe une unité qui le complète économiquement, comme par exemple un pays agraire, nous obtenons une unité économique combinée. En réalité, il y a là les mêmes contradictions dissimulées et les mêmes forces agissantes que dans le cadre des économies nationales ; en particulier le renchérissement des matières premières aboutit à l'organisation d'entreprises combinées. Ainsi, au suprême degré de la lutte, les mêmes contradictions se reproduisent entre les différentes branches économiques, mais sur une échelle sensiblement élargie.

Le processus concret du développement de l'économie mondiale contemporaine connaît ces deux formes de centralisation. La conquête de la Belgique par l'Allemagne est un exemple d'annexion impérialiste horizontale ; la conquête de l'Egypte par l'Angleterre, un exemple d'annexion verticale. Malgré cela, on a coutume de se représenter l'impérialisme sous l'aspect exclusif des conquêtes coloniales. Cette conception foncièrement erronée pouvait autrefois se justifier dans une certaine mesure, du fait que la bourgeoisie, suivant la ligne du moindre effort, tendait à élargir son territoire aux dépens des contrées inoccupées et peu « résistantes ». Aujourd'hui, le moment approche du « partage sauvage ». De même que les trusts qui se font concurrence dans les cadres nationaux grandissent, au début, au détriment des outsiders et attendent d'avoir englouti les groupements intermédiaires pour se jeter les uns sur les autres avec un redoublement de violence, de même les trusts capitalistes nationaux luttent les uns contre les autres et se font une concurrence acharnée. Combattant tout d'abord pour la possession des contrées inoccupées, pour le *jus primi occupantis,* ils finissent par se battre pour le partage des colonies. L'âpreté ultérieure de la lutte attire le territoire de la métropole dans le processus de partage. Là encore, le développement suit la ligne du moindre effort. Les trusts capitalistes nationaux les plus faibles sont les premiers à disparaître. Tels sont les effets de la loi générale de la production capitaliste, loi qui ne disparaîtra qu'avec l'abolition de la production capitaliste elle-même.

CHAPITRE XI

———

Les méthodes de lutte pour la concurrence et le pouvoir

1. Méthodes de lutte entre entreprises individuelles. — 2. Méthodes de lutte entre trusts. — 3. Méthodes de lutte entre les trusts capitalistes nationaux. — 4. Importance économique du pouvoir. — 5. Militarisme. — 6. Modification de la structure du pouvoir.

Le développement de la concurrence que nous avons retracé dans le chapitre précédent fait que la disparition continuelle de la concurrence entre unités économiques moins importantes aggrave la concurrence des grandes unités. De singulières modifications dans les méthodes de lutte accompagnent ce processus.

La guerre que les économies individuelles se font entre elles est menée, d'ordinaire, au moyen de l'avilissement des prix : les petites entreprises vendent aussi bon marché que possible en restreignant jusqu'à l'extrême limite leur niveau de vie ; les capitalistes s'efforcent de réduire les frais de production en améliorant la technique et en diminuant les salaires, etc. Lorsque la lutte des trusts se substitue à celle des entreprises individuelles, les méthodes de la lutte (dans la mesure où celle-ci se livre sur le marché mondial) subissent certaines modifications : les bas prix sur le marché intérieur sont remplacés par des prix élevés qui facilitent la lutte sur le marché extérieur, lutte menée au moyen d'un abaissement des prix extérieurs au détriment des prix intérieurs. L'importance du pouvoir gouvernemental s'accroît : on utilise les droits de douane, les tarifs de transport ; l'immense force des trusts, qui s'opposent les uns aux autres sur le marché intérieur comme sur le marché extérieur, leur permet encore, dans certaines circonstances, d'employer d'autres méthodes. Ainsi, si le trust constitue une entreprise combinée, s'il possède, par exemple, des chemins de fer, des bateaux de commerce, de l'énergie électrique et ainsi de suite, il est en mesure, formant un Etat dans l'Etat, de compliquer très sérieusement la tâche de ses concurrents en réglant à volonté ses tarifs de transport par terre et par mer, les prix de l'énergie électrique, etc. Mesure plus efficace encore, il peut fermer à ses concurrents tout accès aux matières premières et aux débouchés et leur couper le crédit. Ces méthodes sont surtout pratiquées là où il y a un cartel combiné. « En principe », les matières premières produites par les entreprises affiliées au cartel ne sont pas vendues aux outsiders ; les membres du cartel s'engagent à ne rien acheter à ces derniers ; bien plus, sous la pression du cartel et de ses agents, on force les clients ordinaires du cartel à observer cet engagement (à cet effet, on leur accorde parfois des primes, des rabais, etc.). Mentionnons enfin l'avilissement volontaire des prix et la vente à perte auxquels on a recours pour couler un concurrent. Là, « il ne s'agit pas de gagner quoi que ce soit dans l'entreprise elle-même, il s'agit uniquement de vaincre la concurrence et, à partir de ce moment, la lutte est menée sans tenir compte des frais de production. Ce ne sont pas ces derniers qui servent à fixer la limite extrême des prix, mais la puissance des capitaux et la capacité de crédit du cartel, c'est-à-dire le temps que ses affiliés sont en état de soutenir une lutte dont ils ne tirent, en attendant aucun profit[1] ». Sur le marché intérieur, on fait appel à cette méthode pour éliminer définitivement un concurrent : sur le marché extérieur, elle ne fait qu'aggraver le « dumping ». Mais il existe des procédés de lutte encore plus singuliers. Nous voulons parler de la lutte des trusts américains. Là, les choses ont dépassé les limites de ce qui est permis dans un « Etat policé » : recrutement de bandes de brigands détruisant les chemins de fer, sabotant et ruinant les canalisations de pétrole ; incendies et assassinats ; corruption, sur une immense échelle, des fonctionnaires, et notamment de

---

1. V. Fritz KESTNER : *Die Organisationszwang. Eine Untersuchung über die Kämpfe zwischen Kartellen und Aussenseitern*, Berlin 1912. Au sujet de Kestner voir également l'article d'Hilferding : *Organisationsmacht und Staatsgewalt* (Neue Zeit, 32,2).

corporations entières de juges ; espions placés chez les concurrents, etc., tout cela on peut le voir à profusion dans l'histoire de la formation des formidables entreprises modernes de l'Amérique [1].

Lorsque la concurrence atteint son paroxysme, à savoir la concurrence entre trusts capitalistes nationaux, l'utilisation du pouvoir gouvernemental et des possibilités qui s'y rattachent joue un rôle prépondérant. Certes, l'appareil d'Etat a toujours été une arme dans les mains des classes dominantes du pays, leur « défenseur et leur protecteur » sur le marché mondial, mais jamais il n'a eu une importance aussi considérable qu'à l'époque du capital financier et de la politique impérialiste. La formation des trusts capitalistes nationaux fait passer la concurrence presque entièrement dans le domaine de la concurrence extérieure. A partir de ce moment, il est évident que les organes de cette lutte « extérieure » et, au premier chef, le pouvoir gouvernemental, doivent se renforcer à l'extrême. Le sens capitaliste des hauts tarifs douaniers, qui augmentent la capacité combative du trust capitaliste national sur le marché mondial, s'accentue encore ; on multiplie les formes les plus diverses de « protection de l'industrie nationale », on garantit les revenus de toutes sortes d'entreprises risquées mais « d'utilité publique », on paralyse de toutes façons l'activité des « étrangers » (voir, par exemple, la politique boursière du Gouvernement français décrite dans le deuxième chapitre). S'agit-il de traités de commerce, aussitôt le pouvoir gouvernemental des parties contractantes intervient et de leur rapport de force — en définitive de leur force militaire — dépendent les résultats du

---

1. Voir LAFARGUE : *Les trusts américains ; Nazarewski, l. c.* Voir également Gustavus MAYERS : *History of the great american fortunes.* Le rapport du Comité d'assurances législatif pour 1906 dit : « Il est prouvé que les grandes compagnies d'assurances se sont efforcées de s'assujettir la législation de cet Etat (New-York) et des autres Etats... Trois compagnies se sont partagé le pays... pour s'éviter ainsi de grandes difficultés, chacune ne s'occupant plus que de sa région ». Mayers ajoute : « C'est merveilleux : la corruption, comme l'industrie, devient un système et se modernise ! » Le même rapport donne les chiffres suivants : en 1904, la *Mutual* a dépensé en frais de corruption 364.254.000 dollars ; l'*Equitable*, 172.698.000 et la *New-York*, 204.019.000 (t. III, p. 270).

traité ; parle-t-on de la conclusion d'emprunts et de l'octroi de crédits à un pays quelconque, le Gouvernement, ayant derrière lui la force militaire, impose un taux d'intérêts le plus haut possible, s'assure des commandes obligatoires, se fait accorder des concessions, combat les concurrents étrangers. La lutte commence-t-elle pour l'exploitation capitaliste d'une contrée formellement inoccupée, c'est encore de la puissance militaire de l'Etat que dépend l'occupation par l'un ou par l'autre de ce pays. En temps de « paix », l'appareil militaire d'Etat se dissimule sous des pavillons d'où il ne cesse d'agir; en temps de guerre, il intervient directement. Plus la situation sur l'arène mondiale est tendue — et notre époque est caractérisée précisément par une tension extrême de la concurrence entre groupes capitalistes financiers nationaux — plus on fait appel au poing de fer de l'Etat. Les derniers vestiges de l'ancienne idéologie du « laissez faire, laissez passer » disparaissent, et c'est l'époque du « nouveau mercantilisme » : l'impérialisme.

La tendance à l'impérialisme allie les phénomènes de l'économie à la haute puissance politique. Tout est organisé sur une vaste échelle. La libre circulation des forces économiques qui, récemment encore, séduisait les penseurs et les hommes d'affaires, est sur le point de disparaître. Partout il y a afflux et reflux d'émigrants, et l'Etat surveille ce processus. De nouvelles forces économiques et sociales ont besoin d'une puissante protection à l'intérieur et au dehors du pays ; dans ce but, l'Etat crée de nouveaux organes, une multitude de fonctionnaires et d'institutions. Partout l'activité gouvernementale s'enrichit de nouvelles fonctions. Son influence se fait de plus en plus sentir sur la vie intérieure et sur les rapports extérieurs. Le gouvernement ne se refuse pas à veiller directement sur les intérêts de son peuple [il va de soi qu'en lisant les économistes bourgeois il faut prendre le mot « peuple » dans un sens relatif], quel que soit le coin du globe où ces intérêts se manifestent. L'économie nationale et la politique s'interpénètrent. La rupture s'accentue avec l'époque de l'ancien libéralisme, avec la théorie du « laissez passer », avec la doctrine de l'harmonie des intérêts : on est forcé de croire que le monde se fait plus cruel, plus guerrier. L'univers s'unifie davantage : tous les hommes s'y touchent, s'influencent réciproquement et, en même temps, les uns poussent les autres et les frappent [1].

____

1. Prof. Issaiev, *l. c.*, p. 261-262.

Si l'importance du pouvoir gouvernemental en général grandit, le développement de son organisation militaire, l'armée et la flotte, s'accuse tout particulièrement. La lutte entre les trusts capitalistes nationaux est avant tout décidée par le rapport de leurs forces militaires, la puissance militaire du pays étant la dernière instance à laquelle font appel les groupes capitalistes nationaux. Le budget national, qui augmente dans des proportions phénoménales, verse un tribut de plus en plus lourd aux dépenses consacrées à la « défense du pays », pour employer l'euphémisme dont on use pour désigner les dépenses destinées à sa militarisation.

Le tableau de la page suivante illustre l'accroissement prodigieux des dépenses militaires et la part qu'elles représentent dans les budgets nationaux

La situation actuelle des budgets de guerre se traduit par les chiffres suivants : Etats-Unis (1914), 173.522.804 dollars pour l'armée et 139.682.186 dollars pour la flotte, soit 313.204.990 dollars ; France (1913), 983.224.376 francs pour l'armée et 467.176.109 francs pour la flotte, soit 1.450.400.485 francs (en 1914, 1.717.202.233 francs) ; Russie (1913, pour les seules dépenses ordinaires), 581.099.921 roubles pour l'armée et 244.846.500 pour la flotte, soit 825.946.421 roubles; Grande-Bretagne (1913-1914), 28 millions 220.000 livres pour l'armée et 48.809.300 pour la flotte, soit 77.029.300 livres sterling ; Allemagne (1913, dépenses ordinaires et extraordinaires), 97.845.960 livres sterling, etc. [1].

Nous traversons une période de développement fébrile des armements terrestres, navals et aériens. Chaque perfectionnement de la technique militaire entraîne la réorganisation du mécanisme militaire ; toute innovation, tout accroissement de la puissance militaire d'un Etat incite les autres à suivre son exemple. Il se produit le même phénomène que celui que nous avons observé en matière de politique douanière, lorsque l'augmentation des droits dans un Etat a ses répercussions immédiates dans les autres par

---

1. Nous avons pris ces chiffres dans *The Statesman Year-Book*, 1915.

DÉPENSES POUR L'ARMÉE ET LA FLOTTE

ETATS	Années	Dépenses militaires par tête d'habitant	Dépenses nationales totales par tête d'habitant	Dépenses militaires en % comparativement aux autres dépenses	Années	Dépenses militaires par tête d'habitant	Dépenses nationales totales par tête d'habitant	Dépenses militaires en % comparativement aux autres dépenses
Angleterre	1875	16,10	41,67	38,6	1907-08	26,42	54,83	48,6
France............	1875	15,23	52,71	29,0	1908	24,81	67,04	37,0
Autriche-Hongrie ..	1873	5,92	22,05	26,8	1908	8,49	38,01	22,8
Italie	1874	6,02	31,44	19,1	1907-08	9,53	33,24	28,7
Russie	1877	5,24	15,14	34,6	1908	7,42	20,81	35,6
Japon.............	1875	0.60	3,48	17,2	1908	4,53	18,08	25,1
Allemagne.........	1881-82	9,43	33,07	28,5	1908	18,44	65,22	28,3
Etats-Unis.........	1875	10 02	29,89	33,5	1907-08	16,68	29,32	56,9 (1)

1. O. Schwarz : *Finanzen der Gegenwart.* dans *Handwörterbuch d. Staatswissenschaften.* Signalons que les chiffres concernant l'Allemagne et l'Autriche donnés par Schwartz sont faux du fait qu'ils ne comprennent pas les dépenses extraordinaires et provisoires ; les chiffres des Etats-Unis ne renferment pas les « dépenses civiles » de certains Etats, de sorte que l'augmentation [illegible] est au-dessous de la [illegible]

l'augmentation générale qu'il y provoque. Evidemment, ce n'est encore là qu'un cas particulier du principe de la concurrence, puisque la puissance militaire du trust capitaliste national est son arme de lutte économique. L'accroissement des armements, en créant la demande de produits de la métallurgie, augmente très fortement l'importance de la grosse industrie et, en particulier, des « rois du canon » à la Krupp. Mais ce serait raisonner on ne peut plus superficiellement que de prétendre que les guerres sont provoquées par l'industrie du canon [1]. Celle-ci n'est nullement une branche en soi, un « mal » artificiellement provoqué qui déchaîne les « batailles de peuples ». Il ressort de notre exposé que l'armement est un attribut nécessaire du pouvoir gouvernemental, qui remplit une fonction bien définie dans la lutte entre trusts capitalistes nationaux.

La société capitaliste est inconcevable sans armements, comme elle est inconcevable sans guerres. Et de même que ce ne sont pas les bas prix qui engendrent la concurrence, mais au contraire, la concurrence qui engendre l'avilissement des prix, de même ce n'est pas l'existence de l'armée qui est la cause essentielle et la force motrice des guerres (quoique, certes, les guerres soient impossibles sans armées), mais, au contraire, l'inéluctabilité des conflits économiques qui conditionne l'existence des armées. C'est pourquoi, de nos jours, où les conflits économiques parviennent au plus haut degré de tension, nous assistons à la course aux armements. La domination du capital financier suppose l'impérialisme et le militarisme. *Dans ce sens, le militarisme est un phénomène historique aussi typique que le capital financier.*

A mesure qu'il croît en importance, le pouvoir gouvernemental modifie sa structure interne. Il devient plus que jamais le « comité exécutif des classes dominantes ».

---

1. Voir, par exemple, le livre mentionné plus haut de Pavlovitch. Kautsky donne une variante encore plus banale de cette théorie lorsqu'il affirme (voir *Nationalstaat, impérialischer Staat und Staatenbund*, ainsi que de multiples articles dans la *Neue Zeit* du temps de guerre) que la guerre a été provoquée... par la mobilisation. Cela signifie véritablement mettre les choses queue sur tête.

Certes, il a toujours reflété les intérêts des « couches supérieures » [1]. Mais, dans la mesure où ces couches supérieures
constituaient une masse plus ou moins amorphe, le pouvoir
organisé faisait équilibre à la classe (ou aux classes) inor-
ganisées, dont il incarnait les intérêts. Aujourd'hui, les
choses se modifient radicalement. Désormais l'appareil gouvernemental incarne non seulement les intérêts des classes
dominantes, en général, mais encore *leur volonté collecti-
vement déterminée*. Il fait équilibre non pas à des membres
épars des classes dominantes, mais à leurs organisations.
Ainsi le Gouvernement devient *de facto* un « comité »
élu par les représentants des organisations patronales, ainsi
que le *directeur suprême du trust capitaliste national*. Il
y a là une des principales causes de la crise du parlemen-
tarisme. Naguère, le Parlement était l'arène où se dérou-
lait la lutte des fractions des groupes dominants (bourgeoisie, propriétaires terriens, couches diverses de la bourgeoisie, etc.). Le capital financier a fondu la presque
totalité de leurs nuances en une « masse réactionnaire
unique » groupée dans une multitude d'organisations centralisées. D'autre part, les tendances « démocratiques »
et libérales font place à la tendance monarchiste clairement exprimée de l'impérialisme moderne, qui a le plus
grand besoin de la dictature de l'Etat. Dans une certaine
mesure, le Parlement n'est plus, aujourd'hui, qu'un décor
où l'on fait appliquer les décisions préalablement élaborées
dans les organisations patronales et où la volonté collective de l'ensemble de la bourgeoisie organisée puise uniquement sa consécration formelle. Un « pouvoir fort »,
s'appuyant sur une flotte et une armée gigantesques, cons-

---

1. Certains sociologues et économistes bourgeois le reconnaissent,
notamment Franz Oppenheimer, qui voit dans l'Etat l'organisation
des classes détentrices des moyens de production (en premier lieu de
la terre) pour l'exploitation des masses populaires. Sa définition se
rapproche, jusqu'à un certain point, de la théorie marxiste, tout en
l'altérant sensiblement (importance primordiale de la terre, etc.).
Il est intéressant de signaler que, dans ses notes polémiques contre
Oppenheimer, une compétence comme l'économiste et sociologue allemand Adolf Wagner, admet dans une large mesure la définition d'Oppenheimer, mais la rapporte à l'Etat « historique ». Voir son article :
Staat in nationalökonomischer Hinsicht (*Handw. d. Staatsw.*, tome
VII, 3ᵉ édit., p. 731).

titue l'idéal du bourgeois moderne. Ce ne sont nullement des « survivances capitalistes », comme certains le supposent. Ce ne sont pas des vestiges du passé, témoins fortuits du vieux monde. C'est une formation sociale politique entièrement neuve, engendrée par le développement du capital financier. Si la vieille politique caporaliste du « fer et du sang » a servi là de modèle pour la forme, ce n'est que dans la mesure où les ressorts qui actionnent la vie économique moderne poussent le capital dans la voie d'une politique agressive et de la militarisation de l'ensemble de la « vie sociale ». La meilleure preuve n'en est pas seulement dans la politique extérieure de pays démocratiques comme l'Angleterre, la France, la Belgique (voir la politique coloniale de la Belgique), des Etats-Unis, mais encore dans les changements qui sont survenus dans leur politique intérieure (militarisation et développement de l'esprit monarchiste en France, attaques réitérées contre la liberté des organisations ouvrières dans tous ces pays, et ainsi de suite).

Etant lui-même le principal actionnaire du trust capitaliste national, l'Etat moderne en est la plus haute instance organisée sur une échelle universelle. D'où sa puissance formidable, quasi monstrueuse.

QUATRIÈME PARTIE

L'avenir de l'économie mondiale et l'impérialisme

CHAPITRE XII

" Nécessité " de l'impérialisme et surimpérialisme

1. Conception de la nécessité historique. Nécessité historique et marxisme pratique. « Nécessité » historique de l'impérialisme. — 2. Question économique du surimpérialisme (entente des trusts capitalistes nationaux). Possibilité économique abstraite d'un trust universel. — 3. Pronostics concrets. Conditions économiques de la formation des trusts et de leur solidité. Internationalisation et nationalisation des intérêts capitalistes. Importance de la politique impérialiste pour la bourgeoisie. — 4. La victoire sur l'impérialisme et la condition de la possibilité de cette victoire.

Tout comprendre, c'est tout pardonner, dit un proverbe français. Cependant, un proverbe n'exprime pas forcément une idée juste. En l'occurrence, nous avons affaire à un « jugement » manifestement erroné. En effet, comprendre une chose, c'est établir une relation de cause à effet entre cette chose et une autre chose ou plusieurs autres choses. Mais, il n'en résulte pas le moins du monde qu'il soit toujours nécessaire de justifier la chose comprise. S'il en était ainsi, tout ce qui, dans la langue des « moralistes », s'appelle « mal », serait à tout jamais fermé à la raison de l'homme et ne devrait pas être compris. En réalité, il n'en est pas ainsi. Nous ne pouvons juger d'une chose, c'est-à-dire la classer comme positive ou négative, que lorsque nous la comprenons. Par conséquent, même lorsque nous ne nous apprêtons nullement à « pardonner », nous devons avant tout « comprendre ». Cette vérité élémentaire est applicable également aux événements historiques. Comprendre un événement historique, c'est le représenter comme l'effet d'une ou de plusieurs causes historiques, c'est le représenter non pas comme une valeur « accidentelle » que rien ne conditionne, mais comme une valeur découlant nécessairement de l'ensemble des conditions données. L'élément de causalité est également un élément de nécessité (« nécessité causale »). Le marxisme enseigne que le processus historique, donc chaque anneau de la chaîne historique des événements, est une valeur « nécessaire ». En tirer un fatalisme historique serait absurde, pour la bonne raison que les événements historiques s'accomplissent non pas en dehors, mais par la volonté des hommes, par la lutte de classe si nous avons une société de classes. La volonté des classes est chaque fois déterminée par une situation concrète ; dans ce sens, elle n'est nullement « libre ». Mais elle constitue, à son tour, un facteur déterminant du processus historique. En biffant les actes des individus, la lutte de classe, etc., nous biffons également tout le processus historique. Le « marxisme » fataliste fut toujours une caricature bourgeoise de la doctrine de Marx, caricature que les théoriciens de la bourgeoisie avaient imaginée comme le moyen le plus commode de « vaincre le marxisme ». On connaît le sophisme, répandu largement, d'après lequel les marxistes qui annoncent l'avènement inéluctable du régime postcapitaliste, font penser à un parti qui lutterait pour provoquer une éclipse de lune. Mais, d'autre part, ce « marxisme », qui érige le présent en absolu et qui suppose dans ce présent une limite qu'on ne peut dépasser, a toujours été le manteau dans lequel aiment à se draper les panégyristes de la bourgeoisie désireux de trouver une formule « rigoureusement scientifique » de leurs aspirations. « Tout ce qui est réel est sage », c'est là une maxime de Hagel, qu'ils ont plus d'une fois utilisée pour leurs propres fins. Alors

que, pour Marx, la « sagesse de tout ce qui est réel » était
uniquement un rapport de cause entre le présent et le
passé, rapport dont la connaissance constitue le point de
départ pour vaincre pratiquement le « réel », pour les
panégyristes, cette « sagesse » servait à sa justification et
à sa perpétuation [1].

Die Geschichte hat immer Recht (« l'histoire a toujours raison »). C'est ainsi que le « marxiste » Heinrich
Kunow motive son « dada » de l'impérialisme [2] ; toute idée
de le vaincre est tout simplement « illusoire » : la systé-
matisation de cette idée équivaut à « cultiver l'illusion »
(*Illusionenkultus*). Il est évident qu'il n'y a rien de plus
banal que cette interprétation du marxisme. Marx a très
bien répondu à Kunow dans sa réponse à l'économiste
bourgeois Berk. « Les lois du commerce — a écrit ce dernier — sont des lois naturelles, donc des lois de Dieu ».
« Dans ces temps de sordide pusillanimité et de croyance
fétichiste dans les « lois du commerce », nous sommes
de nouveau obligés de stigmatiser tous les Berk dont le
talent seul les distingue de leurs disciples [3]. »

Or si la réalité historique est sujette à être diversement
appréciée, qu'est-ce donc qui définit la « pratique » où
se situent les bornes de l'accessible ? Pour répondre complètement à ces questions, nous supposons deux éventua-
lités extrêmes. Admettons tout d'abord que nous avons
affaire à un prolétariat faiblement développé dans un pays
qui ne fait que s'engager dans la voie de l'évolution capitaliste. Les classes sociales en sont encore à un stade où
elles ne constituent qu'une masse inorganisée. Le prolétariat lui-même n'est pas encore devenu, selon l'expression de
Marx, une classe « pour lui ». Le développement économique est si faible, que les conditions objectives font défaut pour l'organisation de l'économie sur une échelle so-

---

1. Marx observe malicieusement quelque part, au sujet de « l'école
historique », que l'histoire, comme Jéhovah à Moïse, ne lui montre
que son « a posteriori ». Cette observation frappe en plein les rené-
gats actuels du marxisme.

2. Voir Heinrich KUNOW : *Partei-Zusammenbruch ? Ein offenes
Wort zum inneren Parteistreit*, Berlin, 1915.

3. Karl MARX : *Le Capital*.

ciale. On peut dire d'avance que les conditions nécessaires permettant de vaincre les contradictions capitalistes n'existent pas. Tout en reconnaissant en principe le caractère conditionnel du capitalisme, les marxistes soutiennent que puisqu'il n'est pas possible de faire dévier l'évolution sociale de la voie capitaliste, on est obligé, en tenant compte précisément que l'évolution empruntera cette voie, d'organiser ses forces pour attaquer activement le capitalisme dans le futur, en utilisant dans le présent la progressivité relative de ce dernier, en luttant contre les survivances féodales qui entravent le progrès social, etc. Par conséquent, les phases décisives pour la définition des principes de la « pratique » sont au nombre de deux : premièrement, « l'appréciation des conditions objectives », c'est-à-dire l'appréciation du degré de développement économique ; deuxièmement, l'appréciation de l'influence sociale de la force de progrès social elle-même, qui se rapporte évidemment à la première phase. Dans l'état de choses que nous avons supposé ci-dessus les marxistes parlent de la nécessité du capitalisme, même dans le sens de l'impossibilité relative de le vaincre.

Supposons maintenant que nous ayons affaire à un organisme capitaliste hautement développé permettant d'obtenir un développement méthodique de la production sociale ; d'autre part, le rapport des forces de classe est tel qu'une importante fraction de la population appartient à la classe la plus progressive. *Dans ce cas, il serait absurde de vouloir considérer le capitalisme comme un stade « nécessaire » de l'évolution.* (En parlant ainsi on n'entend pas dire, évidemment, que le capitalisme et sa situation donnée sont les produits de l'évolution historique : « nécessité » est ici synonyme d'impossibilité de vaincre) [1].

Si nous abordons maintenant la nécessité (impossibilité de vaincre) de l'impérialisme, nous découvrons tout de

---

1. Nous avons vu qu'il n'y a pas, pour les marxistes, d'impossibilité absolue de vaincre. Mais lorsqu'il y a impossibilité relative de vaincre (comme, par exemple, le capitalisme au début de son développement), les marxistes ne prennent nullement sur eux la mission sacrée d' « implanter » le capitalisme ou d' « aller à l'école du capitalisme ». Ils laissent ce soin à MM. Strouvé et *tutti quanti*. Les marxistes ont autre chose à faire.

suite qu'il n'y a pas de raison de parler de sa nécesssité dans ce sens. Bien au contraire. L'impérialisme est la politique du capitalisme financier, c'est-à-dire du capitalisme hautement développé et supposant une certaine maturité — en l'occurrence très importante — de l'organisation productive. Autrement dit, la politique impérialiste, par le fait même qu'elle existe, atteste que les conditions objectives d'une nouvelle forme sociale économique sont apparues, que par conséquent, toute discussion sur la « nécessité » de l'impérialisme, considéré comme terme de la pratique, est du libéralisme, du semi-impérialisme. La question de l'existence ultérieure du capitalisme et de l'impérialisme devient une question de rapport des forces sociales en lutte, et pas davantage.

Or, il peut y avoir une autre déviation opportuniste opposée, en apparence au fatalisme fougueusement exploité en littérature par Karl Kautsky [1]. Constatant, fort justement, que le maintien de l'impérialisme dépend du rapport des forces sociales Kautsky raisonne à peu près de cette façon :

L'impérialisme est une méthode bien définie de la politique capitaliste ; celle-ci est possible sans procédés violents, tout aussi bien que le capitalisme est concévable avec une journée non pas de 10 ou 12 heures, mais de 8 heures. Dans le cadre du capitalisme, le prolétariat oppose, à la tendance de la bourgeoisie à augmenter la journée de travail, sa tendance prolétarienne à en réduire la durée, tout comme il est nécessaire d'opposer à la tendance de violence bourgeoise de l'impérialisme la tendance pacifique du prolétariat. De cette façon, soutient Kautsky, la question peut être résolue dans le cadre du capitalisme.

L'impérialisme est une méthode bien définie de la politique capitaliste ; celle-ci est possible sans procédés violents, tout aussi bien que le capitalisme est concevable avec une journée non pas de 10 ou 12 heures, mais de 8 heures. Dans le cadre du capitalisme, le prolétariat

---

1. Karl KAUTSKY : *Nationalstaat, imperialisticher Staat un Staatenbund* et articles de la *Neue Zeit* des années 1914-1915. Au demeurant Kautsky s'était placé bien avant au point de vue exposé plus bas. Telle a été, par exemple, sa position dans la question du « désarmement ».

oppose, à la tendance de la bourgeoisie à augmenter la journée de travail, sa tendance prolétarienne à en réduire la durée, tout comme il est nécessaire d'opposer à la tentendance de violence bourgeoise de l'impérialisme, la tendance pacifique du prolétariat. De cette façon, soutient Kautsky, la question peut être résolue dans le cadre du capitalisme.

Quelque radicale que soit, de prime abord, cette théorie, elle n'en est pas moins en fait une théorie foncièrement réformiste. Plus loin, nous analyserons en détail la possibilité d'un capitalisme pacifique » à la Kautsky (« surimpérialisme »). Bornons-nous pour l'instant à une objection d'ordre général et formel, à savoir, qu'il n'est pas possible d'inférer du fait que l'impérialisme est une question de rapport de forces, qu'il peut disparaître dans les cadres du régime capitaliste, comme il en a été de la journée de 15 heures, des salaires anormaux, etc. Si la question se résolvait aussi simplement, on pourrait « tracer » cette perspective : on sait que le capitalisme présuppose l'appropriation de la plus-value par les capitalistes ; toute nouvelle valeur N se décompose en deux parties: $N = V + m$; cette répartition, considérée quantitativement, dépend du rapport des forces sociales (l'antagonisme d'intérêts a déjà été défini par Ricardo). Moyennant une résistance croissante de la classe ouvrière, il est très possible que V augmente au détriment de m et que la totalité de N se répartisse dans une proportion plus favorable aux ouvriers. Mais étant donné que l'augmentation progressive de la part du prolétariat est déterminée par le rapport des forces et que cette augmentation n'a aucune limite fixée d'avance, en réduisant la part des capitalistes aux proportions d'un simple salaire, la classe ouvrière « liquide » le capitalisme en transformant les capitalistes en simples employés ou, au pis aller, en pensionnaires de la collectivité. Ce tableau idyllique est, manifestement, une utopie réformiste. Or, le « surimpérialisme » de Kautsky est tout aussi utopique.

Cependant, Kautsky et ses partisans prétendent que le processus même du développement économique contribue à l'accroissement des éléments sur lesquels le surimpérialisme pourrait s'appuyer. L'interpénétration internationale du capital tend précisément à supprimer la concurrence entre les différents groupes capitalistes nationaux. Cette tendance « pacifique » est encore renforcée par une poussée d'en bas. Ainsi, le rapace impérialisme va faire place au paisible surimpérialisme.

Examinons la question à fond. En langage économique, il faut la poser de la façon suivante : comment peut-on réaliser l'entente (la fusion) des trusts capitalistes nationaux ? Car, en vérité, l'impérialisme n'est pas autre chose que la manifestation de la concurrence entre trusts capitalistes nationaux. Si cette concurrence disparaît, le fondement de la politique de l'impérialisme disparaît à son tour : il s'opère un processus de conversion du capital, tronçonné en groupes nationaux, en une organisation mondiale unique, en un trust universel, auquel le prolétariat mondial fait contre-poids.

Si l'on part d'un raisonnement théoriquement purement abstrait, ce trust est très concevable, puisque, d'une manière générale, il n'y a pas de limite absolue à la « cartellisation ». Aussi pensons-nous que Hilferding a entièrement raison lorsqu'il dit, dans le *Capital Financier* :

Si l'on se demande où se situent les limites de la « cartellisation », l'on est obligé de répondre qu'il n'y a pas de limites. On observe, au contraire, une tendance de la « cartellisation » à s'étendre constamment. Les branches indépendantes... tombent de plus en plus dans la dépendance des branches « cartellisées » qui, en définitive, se les annexent. Ce processus devrait avoir pour résultat la constitution d'un cartel universel. Toute la production capitaliste y serait régularisée rationnellement par une seule instance qui définirait le volume de la production dans toutes ses sphères... On aurait une société régularisée rationnellement dans une forme antagoniste. Quant à cet antagonisme, il serait un antagonisme de répartition... La tendance à la formation de ce cartel universel et la tendance à la fondation d'une banque centrale aboutissent au même point et leur réunion crée l'immense puissance concentrée du capital financier [1].

----

1. R. HILFERDING, *l. c.*, p. traduction russe, p. 353-354.

Or, cette possibilité économique abstraite ne signifie **pas** cependant qu'elle puisse se réaliser. Et c'est avec raison que Hilferding écrit ailleurs :

Un cartel universel dirigeant la totalité de la production et supprimant ainsi les crises serait économiquement possible ; on peut très bien le concevoir économiquement, mais socialement et politiquement cette œuvre est irréalisable étant donné que l'antagonisme d'intérêts qu'il pousserait à l'extrême, aboutirait forcément à son effondrement [1].

En réalité, des raisons d'ordre politique et social s'opposeraient à la formation même de ce trust universel. Nous allons tâcher de le démontrer.

Une égalité approximative de positions sur le marché mondial est la condition nécessaire de la formation d'une entente plus ou moins solide. Si cette égalité fait défaut, le groupe qui détient la position la plus favorable sur le marché mondial n'a pas de raisons de participer à l'entente : il est mieux, au contraire, qu'il poursuive la lutte, en raison des espoirs fondés qu'il a de vaincre son concurrent. C'est la règle générale de la formation des ententes. Appliquée aux trusts capitalistes nationaux, puisque c'est de leur entente qu'il s'agit, elle a la même valeur que dans les autres cas. Il faut tenir compte cependant de deux espèces de conditions.

En premier lieu, de l'égalité purement économique, donc de l'égalité approximative de frais de production. En définitive, cette égalité de frais de production repose sur l'égalité des valeurs de travail et, par conséquent, sur un niveau à peu près identique du développement des forces productives. Si la différence des structures économiques est importante et s'il y a, par conséquent, inégalité de frais de production, le trust capitaliste national, dont la technique plus élevée, n'a pas avantage à participer à l'entente. C'est pourquoi — si l'on prend l'exemple des ententes de certaines branches industrielles — l'industrie supérieurement développée de l'Allemagne préfère, dans ses prin-

---

1. R. HILFERDING, *l. c.*, p. 447.

cipales subdivisions, travailler isolément sur le marché mondial. Evidemment, lorsqu'il s'agit d'un trust capitaliste national, on tient compte d'une certaine moyenne dè la totalité des branches de production ; en l'occurrence, on se base non pas sur les intérêts des groupes capitalistes de telle ou telle branche de production, mais sur les intérêts d'une « industrie d'ensemble », où d'ailleurs, le ton est donné par les grands capitalistes de la grosse industrie, dont l'importance économique relative augmente constamment. Aux frais de production proprement dits, viennent encore s'ajouter les frais de transport.

Outre cette égalité « purement économique », l'égalité économique politique est aussi la condition nécessaire de la formation d'ententes durables. Nous avons vu précédemment que l'association du Capital avec l'Etat se transforme en force économique supplémentaire. L'Etat le plus puissant s'assure les traités de commerce les plus avantageux et établit des droits de douane élevés au détriment de ses concurrents. Il aide son capital financier à monopoliser les débouchés, les marchés de matières premières, et, surtout, les sphères d'investissement de capital. Il est donc naturel qu'en envisageant les conditions de lutte sur le marché mondial, les trusts capitalistes nationaux tiennent compte non seulement des conditions purement économiques, mais aussi des conditions économiques politiques. Ainsi, en admettant même l'existence de structures économiques à peu près identiques, s'il y a entre les trusts capitalistes nationaux une différence importante de forces militaires, le plus fort a intérêt à continuer la lutte plutôt que de participer à une entente ou à une fusion. Si de ce point de vue, nous examinons la situation des nations en lutte, nous devons reconnaître qu'on ne doit pas s'attendre dans un avenir plus ou moins proche à des ententes ou à une fusion des trusts capitalistes nationaux et à leur conversion en un trust mondial unique. Il suffit de comparer la structure économique de la France et de l'Allemagne, de l'Angleterre et de l'Amérique, pays développés, à celle des pays comme la Russie (bien que n'entrant pas dans la catégorie des trusts capitalistes nationaux, ces derniers pays n'en ont pas moins une certaine importance sur le marché mondial) pour comprendre combien nous sommes loin d'une organisation capitaliste universelle [1]. Il en est de même des forces militaires. Si la guerre actuelle révèle une égalité approximative entre adversaires (du moins jusqu'à présent), il ne faut pas oublier que nous sommes en présence d'une combinaison de forces qui ne constitue nullement une grandeur constante.

Il ne faut pas se borner à examiner ces considérations sur l'unité sous le rapport statique, il faut les examiner surtout sous le rapport dynamique. Les groupes nationaux de la bourgeoisie bâtissent leur plan non seulement sur ce qui « est », mais aussi sur ce qui « sera » probablement. Dès lors, il faut tenir le plus grand compte de la moindre possibilité d'un développement de ce genre qui permettrait, au bout d'un certain temps, à un groupe quelconque de dépasser tous les autres, en admettant même que dans la période actuelle ce groupe soit économiquement et politiquement de même force que son concurrent. Cette circonstance aggrave encore l'état de déséquilibre [2].

Le processus d'internationalisation des intérêts capitalistes, que nous avons décrit dans la première partie de notre ouvrage (participation et financement d'entreprises étrangères, cartels internationaux, trusts, etc.), pousse sérieusement à la formation d'un trust capitaliste étatique international. Quelle que soit cependant sa vigueur, ce processus est contrarié par une tendance plus forte à la

---

1. Afin d'éviter tout malentendu, constatons que cette affirmation ne contredit nullement notre autre affirmation, à savoir que le développement économique des pays avancés a créé les « conditions objectives » pour l'organisation sociale de la production. Sous ce rapport les pays avancés sont à peu près au même niveau. Il n'y a pas contradiction entre ces deux affirmations, puisque les termes de comparaison ne sont pas les mêmes.

2. La bourgeoisie le comprend parfaitement. Voici, par exemple, ce qu'écrit le professeur allemand Marx Krahmann (voir son ouvrage : *Krieg und Montanindustrie*, 1re édition de la série *Krieg und Volkswirtschaft*) : « De même que dans la petite guerre mondiale actuelle, de même dans la grande guerre suivante qui mettra aux prises l'Amérique du Nord avec l'Extrême-Orient, il n'est pas possible qu'un groupe d'Etats agraires se batte contre une coalition d'Etats industriels... La paix universelle serait donc assurée si les Etats industriels pouvaient se mettre d'accord entre eux. Etant donné que pour le moment cette éventualité est exclue... » (p. 15).

nationalisation du capital et à la fermeture des frontières. Les avantages que le groupe national de la bourgeoisie retire de la continuation de la lutte représentent une valeur beaucoup plus grande que les pertes qui en découlent. On ne doit pas surestimer l'importance des ententes industrielles internationales actuellement existantes. Nous avons déjà constaté que beaucoup d'entre elles ont un caractère des plus précaires, qu'elles constituent des organisations industrielles d'un type relativement inférieur avec une centralisation relativement faible et qu'elles englobent souvent des branches de production très spéciales (syndicat des bouteilles). Seules les unions dans les branches de production qui s'appuient sur un monopole naturel (le pétrole) ont un caractère relativement stable. Il est certain qu'en « fin de compte », la tendance à l'internationalisation aura quand même le dessus, *mais seulement après une longue période de lutte âpre entre les trusts capitalistes nationaux.*

Cependant, les frais de la lutte, c'est-à-dire les dépenses militaires, sont-ils si lourds que la bourgeoisie n'en tire aucun profit? Des faits, comme la continuation de la militarisation de l'Angleterre, par exemple, ne sont peut-être qu'une « bêtise » de la bourgeoisie qui ne comprend pas son intérêt ? Hélas non ! la bêtise est plutôt le propre des naïfs pacifistes, mais nullement de la bourgeoisie. Celle-ci sait parfaitement équilibrer son actif et son passif. Le fait est qu'en présence de ces objections, on perd généralement de vue la multiplicité des fonctions de la force militaire. Celle-ci, comme nous l'avons montré précédemment, agit non seulement en temps de guerre, mais aussi en temps de paix, étant un moyen d'un usage courant dans la « concurrence pacifique ». D'autre part, on oublie que le fardeau militaire, par suite du jeu des impôts, etc., pèse surtout sur la classe ouvrière et, en partie, sur les groupements économiques intermédiaires expropriés dans le processus de la guerre (et, par conséquent, dans le processus d'intense centralisation industrielle).

Ainsi, le processus matériel du développement économique s'opère par une lutte aggravée des trusts capitalistes nationaux et des autres organisations économiques. Une suite de guerres est inévitable. Dans le processus historique qui nous attend à brève échéance, le capitalisme mondial s'orientera vers un trust capitaliste national universel par l'absorption des plus faibles. Cette guerre terminée, de nouveaux problèmes devront être « tranchés » par le glaive. Il est exact que, dans telle ou telle circonstance, des ententes partielles sont possibles (par exemple, la fusion de l'Allemagne et de l'Autriche est très probable). Mais toute entente ou consolidation ne fera que reproduire la lutte sanguinaire sur une nouvelle échelle. Si l'Europe Centrale s'unifie et si les plans des impérialistes allemands se réalisent, la situation restera à peu près la même ; mais si l'Europe entière s'unifie, le « désarmement » ne s'ensuivra pas pour cela. Le militarisme rebondira de plus belle. Aux anciennes luttes succédera une lutte monstre contre l'Amérique et l'Asie. A la lutte des petits (petits !) trusts capitalistes nationaux succédera la lutte des trusts géants. Vouloir mettre un terme à cette lutte par des « moyens de fortune » et par de l'eau bénite, équivaudrait à tirer sur un éléphant avec des pois. Car l'impérialisme est un système non seulement intimement lié au capitalisme moderne, mais un élément essentiel de ce dernier.

Nous avons vu, dans la deuxième partie, en quoi consiste le caractère spécifique du capitalisme moderne et de quelle façon se forment les trusts capitalistes d'Etat. A cette structure économique se rattache une politique bien définie : la politique impérialiste. Cette politique, il faut l'entendre non seulement dans le sens que l'impérialisme est un produit du capitalisme financier, mais aussi dans le sens que le capitalisme financier ne peut pas faire une politique autre que la politique impérialiste définie plus haut. Le trust capitaliste national ne peut pas être partisan du libre-échange puisqu'il perdrait ainsi une bonne part de sa raison d'être capitaliste. Nous avons déjà indiqué que le protectionnisme permet, d'une part, d'obtenir un profit supplémentaire, d'autre part, de faire la concurrence sur le marché mondial. De même, le capital financier ne peut pas, en tant qu'expression des monopoles capitalistes, renoncer à la monopolisation des « sphères d'influence », à la conquête des débouchés et des marchés de matières premières et aux sphères d'investissement de capital. Si un trust capitaliste national ne prend pas possession d'un territoire inoccupé, un autre s'en empare. La rivalité mondiale qui correspondait à l'époque du libre-échange et à l'absence de toute organisation de la production à l'intérieur du pays, est impossible dans une époque d'une tout autre structure de production et de lutte des trusts capitalistes nationaux. Ces intérêts impérialistes sont tellement essentiels pour les groupes financiers capitalistes et tellement liés aux racines de leur existence, qu'un gouvernement ne s'arrête pas devant d'énormes dépenses militaires uniquement pous s'assurer une position solide sur le marché mondial. L'idée du « désarmement » dans le cadre du capitalisme est particulièrement absurde pour ce qui est des trusts capitalistes nationaux qui occupent des positions avancées sur le marché mondial. Ils ont devant eux la possiblité d'asservir le monde, un champ d'exploitation d'une ampleur inconnue, que les impérialistes français appellent : l'organisation de l'économie mondiale, et les impérialistes allemands : *Organisierung der Weltwirtschaft*. Et c'est cet idéal « élevé » que la bourgeoisie troquerait contre le plat de lentilles des « avantages » du désarmement ! Où donc est la garantie pour un trust capitaliste national quelconque qu'un astucieux rival, même après de formels engagements et autres garanties, ne recommencera pas la lutte « interrompue » ? Tout homme au courant de l'histoire de la lutte des cartels, dans les cadres même d'un seul pays, sait combien fréquemment, à la faveur d'un changement de situation, disons d'un changement de conjoncture économique, des quantités d'ententes s'évanouissent comme des bulles de savon. Il suffirait à un seul puissant trust capitaliste national, l'Amérique par exemple, de marcher contre les autres, fussent-ils « groupés », pour que toutes les « ententes » volassent en éclats. (En l'occurrence, nous aurions une immense organisation bâtie sur le type d'un syndicat d'une espèce inférieure dont les trusts capitalistes nationaux seraient les parties composantes. Une entente entre les trusts capitalistes nationaux ne pourrait certainement pas passer d'emblée au stade d'un trust centralisé. Un type d'entente de ce genre, qui impliquerait une lutte interne intense, serait très sensible à l'influence des « conjonctures »). Nous avons fait l'hypothèse d'une éventualité où une « unification » formelle se produirait. Or, elle ne peut pas se réaliser parce que la bourgeoisie de chaque pays est moins naïve que beaucoup de braves pacifistes qui s'efforcent de faire entendre raison à la bourgeoisie et de lui « prouver » qu'elle ne comprend pas ses intérêts.

Cependant, nous dira-t-on, Kautsky et ses amis supposent bien que la bourgeoisie renoncera aux méthodes impérialistes, car elle y sera contrainte par une poussée d'en bas. A cela nous répondrons : en l'occurrence, il y a deux possibilités : ou bien cette poussée sera trop faible, et alors tout restera comme par le passé ; ou bien cette poussée sera plutôt une « réaction », et alors ce sera le début non pas d'une nouvelle époque de surimpérialisme, mais d'une nouvelle époque d'*évolution sociale sans antagonisme*.

Ainsi, toute la structure de l'économie mondiale moderne pousse la bourgeoisie à la politique impérialiste. De même que la politique coloniale présuppose des méthodes de violence, de même toute expansion capitaliste aboutit tôt ou tard à un dénouement sanglant.

Les méthodes de violence, écrit Hilferding, sont inséparables de l'essence de la politique coloniale qui, sans elles, perdrait son sens capitaliste. Elles constituent l'élément intégral de la politique coloniale, comme l'existence d'un prolétariat dépourvu de toute propriété constitue la condition *sine qua non* du capitalisme. Vouloir une politique coloniale et parler en même temps d'abolir ses méthodes de violence, c'est de la fantaisie que l'on ne peut pas plus prendre au sérieux que l'illusion qu'il est possible de supprimer le prolétariat tout en conservant le capitalisme [1]

On en peut dire autant de l'impérialisme, qui est l'élément intégral du capitalisme financier sans lequel celui-ci perdrait son sens capitaliste ; la croyance que les trusts, cette incarnation des monopoles, sont devenus les

---

1. HILFERDING, *l. c.*, p. 481-482, trad. russe.

agents d'une politique d'expansion pacifique relève de la
fantaisie profondément funeste d'un utopiste.

Mais l'époque « surimpérialiste » est peut-être une
possibilité qui se réalisera par le processus de centralisation ? Les trusts capitalistes nationaux se dévoreront
successivement l'un l'autre jusqu'au moment où une puissance régnera sur la défaite de tous. On pourrait concevoir cette possibilité si l'on mécanisait tout le processus
social et si l'on écartait les forces hostiles à la politique
impérialiste. En réalité, une série de guerres se succédant
les unes aux autres, dans des proportions de plus en plus
monstrueuses, doivent forcément provoquer un déplacement des forces sociales. Le processus de centralisation,
dans sa définition capitaliste, se heurte fatalement à une
tendance sociale politique qui lui est antagoniste, ne peut
pas arriver à sa fin logique, avorte et s'achève dans une
formule nouvelle et épurée non-capitaliste. Ainsi, la théorie
de Kautsky n'est nullement réaliste. Elle considère l'impérialisme non pas comme l'inéluctable satellite du capitalisme développé, mais comme un des « sombres côtés » du
développement capitaliste. A l'instar de Proudhon, aux utopies petites-bourgeoises duquel Marx s'attaqua avec tant
d'âpreté, Kautsky cherche à supprimer le « sombre » impérialisme sans toucher à l'inviolabilité des traits « ra-
dieux » du régime capitaliste. Sa conception implique le
camouflage des formidables contradictions qui déchirent la
société moderne et, par là, elle est une conception réformiste. Le trait le plus caractéristique du réformisme théorique est qu'il constate scrupuleusement tous les éléments
d'adaptation du capitalisme sans en voir les contradictions.
Par contre, pour un marxiste conséquent, tout le développement capitaliste n'est pas autre chose qu'un *processus de
reproduction sans cesse accru des contradictions du capitalisme.* La future économie mondiale, dans sa formule
capitaliste, ne délivre pas cette économie des éléments im-
manents qui l'empêchent de s'adapter ; elle les reproduit
constamment sur une base élargie. Ces contradictions trouveront leur véritable solution dans une autre structure de
production de l'organisme social, dans l'organisation sociale, méthodique, socialiste de l'économie.

CHAPITRE XIII

La guerre et l'évolution économique

1. Modification des rapports de force économique entre les trusts capitalistes nationaux (importance croissante de l'Amérique, effondrement des petits Etats). — 2. Economie mondiale et « autarchie » économique. — 3. Modification de la structure interne des trusts capitalistes nationaux (disparition des groupes intermédiaires, accroissement du pouvoir du capital financier, accentuation de l'ingérence étatique, monopoles d'Etat, etc.). Capitalisme d'Etat et aggravation de la lutte entre trusts capitalistes nationaux. — 4. Le capitalisme d'Etat et les classes.

La guerre, rendue inévitable par tout le cours des événements antérieurs, ne pouvait pas ne pas exercer une formidable influence sur la vie économique mondiale. Au sein de chaque pays et dans les rapports de force entre pays, dans les économies nationales et dans l'économie mondiale, elle a opéré une véritable révolution. Entraînant la dilapidation barbare des forces productives, la destruction des moyens matériels de production et de la main-d'œuvre humaine, saignant à blanc l'économie par des dépenses phénoménales, funestes au point de vue social, la guerre, telle une crise gigantesque, a en outre aggravé les tendances fondamentales du développement capitaliste, en accélérant à un degré inouï, le développement des éléments financiers capitalistes et la centralisation du capital à l'échelle mondiale. Le caractère centralisateur (selon la méthode impérialiste) de la guerre actuelle ne fait pas de doute. Il y faut voir, avant tout, l'effondrement des petits Etats indépendants, que ce soient des Etats d'un type supérieur (concentration horizontale et centralisation), ou d'un type agraire (centralisation verticale) ; comme phénomènes sans grande importance, il y a encore l'absorption des organisations plus faibles (et retardataires) par les grandes unités. Il est douteux que la Belgique, qui est un pays extrêmement développé, qui a sa propre politique coloniale, puisse continuer une existence indépendante ; dans les Balkans, la perspective d'un nouveau partage à caractère centralisateur est certaine ; il faut s'attendre à la suppression des enclaves dans les possessions coloniales de l'Afrique. D'autre part, nous assistons à un très fort rapprochement (sur le modèle d'une entente solide de syndicats industriels) entre l'Allemagne et l'Autriche-Hongrie. Quelle que soit l'issue de la guerre, il est d'ores et déjà certain (et l'on pouvait le supposer à priori) que la carte politique sera modifiée dans le sens d'une plus grande homogénéité étatique. Par là, justement, se traduit l'accroissement des « nationalités étatiques » impérialistes (*Nationalitätenstaaten*).

Si la tendance générale de l'évolution, tendance que la guerre n'a fait qu'aggraver, réside dans le développement de la centralisation, cette guerre aura eu pour résultat de hâter l'entrée en scène d'un des principaux trusts capitalistes nationaux, dont l'organisation interne est d'une extraordinaire puissance. Nous voulons parler des Etats-Unis.

La guerre a placé les Etats-Unis dans des conditions exceptionnelles. L'arrêt des exportations de blé russe etc., a déterminé une augmentation de la demande de produits de l'agriculture américaine ; d'autre part, la demande prodigieuse de produits de l'industrie de guerre de la part des pays belligérants s'est également tournée vers l'Amérique [1].

Enfin, il n'est pas jusqu'à la demande de capital de prêt (emprunts extérieurs, etc.), qui ne se soit tournée de ce côté. L'Amérique ayant été jusqu'alors débitrice de l'Eu-

---

[1]. Voici le développement des exportations américaines pour les quatre premiers mois de 1914 et 1915 : janvier 1914, 204,2 ; janvier 1915, 267,9 ; février, 173,9 et 299,8 ; mars, 187,5 et 296,5 ; avril, 162,5 et 294,5 millions de dollars (*Vestnik Finanssov*, n° 38). La déclaration du chef du *Bureau of Foreign and Domestic Commerce* Pratt est caractéristique : « Nous sommes en présence d'une nouvelle phase commerciale dans laquelle le terme « marché domestique » devient archaïque et fait place au mot d'ordre du « marché universel » (*Vestnik Finanssov*, n° 16).

rope, la guerre retourna bien vite cette situation : la dette
générale de l'Amérique fut rapidement éteinte et, dans le
domaine des opérations courantes et des crédits à court
terme, celle-ci devint créditrice de l'Europe. Ce rôle financier grandissant des Etats-Unis a un autre côté très important. Nous savons déjà que les Etats américains de second ordre importaient du capital de l'Europe, principalement d'Angleterre et de France, et que l'importation de
capital des Etats-Unis, eux-mêmes importateurs de capital
européen, ne venait qu'en dernier lieu. Or, pendant la
guerre, des emprunts du Canada, de l'Argentine, du Pa-
nama, de la Bolivie, de Costa-Rica furent placés non pas
en Europe mais en Amérique. « Des pays américains ont
obtenu des fonds de peu d'importance, mais ce qu'il y a
là de caractéristique, c'est que les pays énumérés appartiennent à la clientèle habituelle du marché de Londres.
Ainsi, pendant la guerre, New-York s'est substitué à Londres
et, pour ainsi dire, a fait progresser la partie financière du
programme panaméricain [1]. Le développement de la guerre,
le règlement des dépenses militaires et des emprunts, puis
la demande considérable de capital dans la période d'après-
guerre (par suite de la reconstitution du capital de fonds
détruit, etc.) accentueront encore l'importance financière
des Etats-Unis, accéléreront l'accumulation du capital américain, accroîtront son influence dans les autres parties de
l'Amérique et mettront rapidement les Etats-Unis au premier plan dans l'arène mondiale de la concurrence [2].

Les Etats-Unis nous fournissent un exemple de consolidation et de développement d'un vaste trust capitaliste
national en train de s'assimiler des pays et des contrées
qui étaient auparavant dans la dépendance de l'Europe.
Parallèlement à l'extension des relations mondiales de
l'Amérique, on constate dans ce pays un développement
intensif de la cohésion nationale. Les tendances nationa-
listes sont encore plus apparentes chez les groupes belli-

---

1. M. BOGOLIÉPOV : *Le marché américain des capitaux* (*Vestnik
Finansov*, 1915, n° 39, p. 501). Voir également son article sur le même
sujet dans les n°⁸ 37 et 38 du *Vestnik Finansov*.
2. Dès le début de la guerre Kautsky, dans la *Neue Zeit*, avait
signalé le rôl' grandissant de l'Amérique.

gérants : l'échange international est désorganisé, la circulation des capitaux et de la main-d'œuvre entre pays belligérants a pris fin, presque tous les liens qui les rattachaient sont rompus. Dans les cadres de l'économie nationale (le meilleur exemple est fourni par l'Allemagne du fait qu'elle est le pays le plus hermétiquement fermé), une nouvelle répartition des forces productives s'opère hâtivement. Il ne s'agit pas seulement de l'industrie de guerre (on sait qu'en Allemagne il n'est pas jusqu'aux fabriques de pianos qui ne soient adaptées à des nécessités nouvelles : la fabrication des balles), mais encore des produits de l'alimentation et de l'agriculture en général. Ainsi la guerre a singulièrement aggravé la tendance à une « autarchie » économique, à la conversion de l'économie nationale en un système se suffisant à lui-même, plus ou moins isolé du reste du monde. Peut-on supposer que cette tendance continuera à prévaloir et que l'économie mondiale se décomposera en une ou plusieurs parties indépendantes totalement isolées les unes des autres ? L'impérialisme utopique le croit ou est bien près de le croire. Les idéologues de l'impérialisme aspirent à tout produire « eux-mêmes » pour ne pas dépendre des étrangers. Un « complément économique » adéquat, des matières premières assurées et, selon eux, le problème est résolu. Ces raisonnements, cependant, ne résistent pas à la critique. MM. les impérialistes oublient complètement que leur politique de conquête implique le développement des relations économiques mondiales, l'extension des exportations de capital et de marchandises, l'extension des importations de matières premières, et ainsi de suite. Ainsi, d'un certain point de vue, la politique de l'impérialisme est contradictoire : d'une part, la bourgeoisie impérialiste doit porter au maximum le développement de ses relations économiques mondiales (« dumping » des cartels) ; d'autre part, elle se retranche derrière une muraille douanière ; d'une part, elle exporte du capital ; d'autre part, elle crie à la violence étrangère ; en un mot, elle internationalise la vie économique et, en même temps, elle cherche de toutes ses forces à l'encastrer dans les cadres nationaux. Or, malgré tous les obstatcles, les liens internationaux se développent sans arrêt. D'où la très juste remarque de F. Pinner : « Si l'on songe que l'extraordinaire développement du commerce extérieur s'est produit juste à l'époque de la politique économique rigoureusement nationaliste, il faut admettre que la guerre et la mentalité politique qu'elle a engendrée dans les grandes puissances ne peuvent pas plus détruire les rapports·internationaux que les tendances à la fermeture hermétique des frontières n'ont pu le faire jusqu'ici [1] ».

En réalité, déjà pendant la guerre, la disparition ou l'affaiblissement des liens économiques dans un pays avait pour effet de les renforcer dans un autre. La violence des « Allemands en Russie a simplement disparu pour faire place à la « violence » des Alliés ». Mais ce n'est évidemment pas tout. Nous devons nous rappeler que le facteur régulateur de l'activité capitaliste est l'obtention de profit. La guerre est une des « affaires » du « bourgeois moderne ». La guerre terminée, il recommence, avec le même empressement qu'auparavant, à rétablir les anciennes relations (nous ne parlons pas des opérations de contrebande pendant la guerre). Ainsi le veut l'intérêt capitaliste. La division internationale du travail, la différence des conditions naturelles et sociales est un *prius* économique qui ne peut être supprimé, même par une guerre mondiale. De ce fait, nous avons là des éléments-valeurs bien définis et, par conséquent, les conditions d'obtention d'un profit maximum dans le processus des opérations internationales. Ainsi l'évolution ultérieure n'aboutira pas à une « autarchie » économique, mais au développement des rapports internationaux, en même temps qu'à une plus grande cohésion nationale et à l'apparition de nouveaux conflits sur le terrain de la concurrence mondiale.

Si la guerre ne peut arrêter le cours général du développement du capital mondial, si elle est, au contraire, l'expression d'une expansion maximum du processus de centralisation, par contre elle agit sur la structure des économies nationales isolées pour en accroître la centralisa-

---

1. Felix PINNER : *Die Konjunktur des wirtschaftlichen Sozialismus* (*Die Bank*, avril 1915).

tion dans les limites de chaque corps national et pour organiser, parallèlcment à une dépense considérable de forces productives, l'économie nationale en la plaçant de plus en plus sous le pouvoir conjugé du capital financier et de l'Etat.

Par son influence économique, la guerre rappelle, sous bien des rapports, les crises industrielles, dont elle se distingue, cela va de soi, par une plus grande. intensité de bouleversements et de ravages. Economiquement, ces ravages atteignent avant tout les couches moyennes de la bourgeoisie qui, dans ces conditions, de même que dans les périodes de crises industrielles, succombent beaucoup plus vite. Quand des marchés disparaissent, quand des branches entières de production périssent, quand des liens, solides jusqu'ici, se déchirent, quand tout le système de crédit est bouleversé, etc., ce sont les couches moyennes de la bourgeoisie qui sont le plus frappées (il va de soi que nous ne parlons pas des travailleurs), ce sont elles qui, au premier chef, sont atteintes par la faillite. Par contre, la grande industrie « cartellisée » est loin d'être mal en point. On pourrait recueillir quantité de chiffres illustrant l'augmentation du profit (bénéfices de guerre) d'un grand nombre d'entreprises, notamment des entreprises touchant aux fournitures de l'armée, c'est-à-dire en premier lieu de la grosse industrie. Bien que la somme de plus-value produite n'accuse pas d'augmentation (elle est en diminution par suite de l'appel d'un nombre formidable de travailleurs sous les drapeaux), les profits des grands groupes bourgeois sont en hausse. Cet excédent de profit est obtenu, en grande partie, aux dépens des autres groupes, moins forts et non « cartellisés », de la bourgeoisie. (La hausse des profits s'explique également par l'accroissement des titres de valeurs qui correspondent à des besoins futurs.) Le formidable gaspillage de forces productives, l'engloutissement du capital de fonds de la société [1] entraîneront fatalement

---

1. Les emprunts de guerre ne sont pas autre chose que l'absorption des éléments constitutifs qui s'usent du capital de fonds remplacé par du papier ; les valeurs réelles, dans leur forme matérielle, se dissipent en mitraille et, de la sorte, se consomment improductivement.

un déplacement accéléré et un développement relatif des grandes catégories bourgeoises.

Cette tendance ne prendra pas fin avec la guerre. Si, au cours de la guerre, la grande bourgeoisie défend et affermit ses positions, il est certain qu'après la guerre les immenses besoins de capital favoriseront le développement des grandes banques et, partant, la centralisation et la concentration accélérées du capital. Ce sera le début d'une période de traitement fébrile des blessures de la guerre : restauration des chemins de fer, des fabriques et usines, des machines, du matériel roulant, détruits ou usés et, — ce qui ne sera certainement pas à la dernière place — réparation et développement de l'appareil militaire national. Tout cela accroîtra dans une vaste mesure la demande de capital et renforcera la position des consortiums bancaires [1]

Parallèlement au renforcement des groupes capitalistes financiers, il faut encore signaler l'intervention de l'Etat dans la vie économique [2].

Il s'agit de la constitution de monopoles d'Etat (monopoles de production et de commerce), de l'organisation d' « entreprises mixtes » où l'Etat (ou les municipalités) est actionnaire de l'entreprise, au même titre que des syndicats privés ou des trusts ; du contrôle de l'Etat sur le système de production des entreprises privées (production obligatoire, régularisation des méthodes de travail, etc.) ; de la régularisation de la répartition (obligation de fournir et de recevoir des produits ; organisation d' « offices centraux nationaux de répartition », magasins nationaux de matières premières, de combustible, de produits alimentaires, taxation des prix, cartes de pain, de viande et autres, interdiction des importations et exportations, etc.) ; de l'or-

---

1. Voir KUNOW : *Vom Wirtschaftsmarkt (Neue Zeit,* 33e année, t. II, n° 22, *Der Bank-und Geldmarkt im ersten Kriegsjahr).* Voir également les ouvrages du docteur WEBER : *Krieg und Banken ; Volkswirtschaftliche Zeitfragen ; Krieg und Volkswirtschaft.*

2. En ce qui concerne l'Allemagne consulter les notes de Johan MULLER : *Nationalökonomische Gesetzgebund. Die durch Krieg hervorgerufenen Gesetze, Verordnungen, Bekanntmachungen,* etc. dans *Jahrbücher, für Nationalökonomie und Statistik,* 1915.

ganisation du crédit national ; enfin, de l'organisation de la consommation nationale (réfectoires communaux) [1].

En Angleterre, on a institué l'assurance nationale des cargaisons, la garantie nationale des traités commerciaux, le paiement par l'Etat des sommes appartenant aux commerçants anglais à l'étranger et ne pouvant être recouvrées à l'heure actuelle. Des mesures analogues ont été prises plus ou moins, par tous les Etats belligérants.

La « mobilisation de l'industrie », c'est-à-dire sa militarisation, s'est effectuée avec d'autant moins de difficultés que les organisations patronales, cartels, syndicats, trusts, étaient plus fortement développées. Ces unions patronales, dans l'intérêt desquelles, à vrai dire, la guerre a été entreprise, ont mis tout leur appareil régulateur au service de l'Etat impérialiste auquel elles sont étroitement apparentées. Ainsi, elles ont donné la possibilité technique et économique de militariser la vie économique, depuis le processus direct de production jusqu'aux subtilités des opérations de crédit. Et partout où l'industrie était organisée par des cartels, sa « mobilisation » a pris des proportions gigantesques.

« De vastes branches industrielles — écrit M. Pinner au sujet de l'Allemagne — fondues depuis des dizaines d'années dans d'étroites associations dont l'activité économique avait un caractère quasi collectif, ont absorbé une partie de la production et l'ont placée sous une direction unique : *les cartels et les syndicats industriels* [2].

Les buts de la mobilisation industrielle, de même que sa portée, ressortent très bien du discours prononcé, le 3 juin, à Manchester, par Lloyd George :

La loi sur la défense du pays, déclare le ministre, donne au gouvernement un pouvoir complet sur toutes les usines. Elle nous confère la possibilité de faire passer avant tous autres les travaux nécessaires au Gouvernement. Nous pouvons disposer de l'usine entière, comme de chaque machine et si quelque

---

1. Voir JAFFÉ : *Die Militarisierung unseres Wirtschaftslebens (Archiv für Sozialwissenschaft und Sozialpolitik*, 1915, 40 B. 3 Heft).

2. PINNER : *Organisierte Arbeit* (Handels-Zeitung des Berliner Tageblatt, 28 août 1915).

part nous devions rencontrer des obstacles le ministère du ravitaillement, se servant de cette loi, pourrait appliquer les mesures les plus efficaces [1].

Des mesures analogues ont été prises en France [2] et en Russie. En dehors de ce contrôle direct de l'Etat sur la production des entreprises privées, la guerre a fait surgir un certain nombre de monopoles d'Etat : en Angleterre, les chemins de fer sont devenus propriété nationale ; en Allemagne, on a constitué le monopole du blé, des pommes de terre, de l'azote, etc., et l'on en envisage encore plusieurs autres (nous reviendrons sur cette question) ; l'industrie houillère se transforme à son tour en « cartel mixte », où le syndicat industriel coopère avec l'Etat [3].

Si, dans les exemples ci-dessus, on constate une ingérence directe de l'Etat dans le domaine de la production, d'un autre côté, le développement de cette ingérence s'accomplit, en grande partie, au moyen des éléments de crédit. Une fois de plus, l'organisation de la « mobilisation financière » et des opérations qui en découlent est typique. Si au début de la guerre, la Reichsbank opérait par l'intermédiaire de certaines grandes banques, par la suite, sa fonction s'est accrue d'une autre façon. Nous voulons parler, notamment, de la création des « caisses de prêt », établissements d'Etat dépendants de la Reichsbank, qui sont devenus en peu de temps un facteur important dans les opérations de crédit du pays [4]. Vinrent ensuite les emprunts de guerre intérieurs, placés dans le public par les soins de la Reichsbank et qui jouèrent un rôle considérable. Ainsi, la Reichsbank qui, déjà avant la guerre, avait une importance exceptionnelle dans la vie économique de l'Allemagne, a singulièrement développé cette importance, en devenant un centre puissant d'attraction de capitaux libres. Elle opère de plus en plus en tant qu'établissement finançant les

---

1. Nous tirons cette citation du *Vestnik Finansov*, n° 24, 1915, p. 518.

2. Voir Yves Guyot : *Les problèmes économiques après la guerre* (*Journal des économistes*, 15 août 1915).

3. Voir E. Meyer : *Die Drohung mit dem Zwangssyndikat* (*Neue Zeit*, 33 année, t. II, n° 18). Voir également : *Die Bergwerksdebatte im Reichstag* (Handels-Zeitung des Berliner Tageblatt, n° 435, 26 août).

4. Dr. Weber : *Krieg und Banken*, p. 14.

entreprises d'Etat florissantes et ses organisations économiques. Ainsi l'institut central d'émission de l'Etat devient
la « tête d'or » du trust capitaliste national tout entier.

L'Allemagne n'est pas seule à connaître une évolution
de ce genre. Le même processus s'opère, *mutatis mutandis*,
dans tous les pays belligérants (il s'opère même dans les
pays qui ne sont pas belligérants, mais, bien entendu, à
un moindre degré).

Nous devons nous arrêter plus en détail sur une question, selon nous, de la plus grande importance, à savoir,
les monopoles d'Etat et leur avenir.

« D'après des calculs précis — a déclaré, au Reichstag, le Dr Helferich, au mois d'août dernier — la guerre
mondiale a coûté à tous ses participants à peu près 300
millions de marks par jour, c'est-à-dire 100 milliards de
marks environ. C'est la plus formidable destruction, le plus
vaste déplacement de valeurs que l'histoire mondiale ait
enregistré » [1]. Il va de soi que les chiffres du « maréchal
financier », le Dr Helferich, ne donnent en réalité aucune
idée du coût général de la guerre, car ils ne concernent
que les dépenses directes de guerre effectuées par l'Etat.
Mais, en l'occurrence, ce sont précisément ces dépenses qui
nous intéressent. Aussi bien, il ne sera pas inutile de donner de plus amples renseignements sur les emprunts de
guerre. Quoique les Etats dépensent encore pour mener la
guerre une partie de leurs recettes particulières, on peut
néanmoins se faire une idée relative, par les chiffres que
nous donnons plus loin, de l'ampleur formidable des dépenses militaires [2].

---

1. *Vorwärts*, 21 août 1915.
2. Ces chiffres sont incomplets ; d'autre part les Etats ont recours
à la presse à billets pour émettre de l'argent-papier ce qui constitue
une espèce d'emprunt sans intérêt. Le tableau ci-après indique que
l'Autriche-Hongrie a réussi à se procurer jusqu'en août 1915 (du fait
que les chiffres qui concernent l'Allemagne vont jusqu'à septembre
1915 inclusivement, on peut croire qu'ils vont jusqu'à octobre) 13 milliards de couronnes environ ; or, à cette époque, c'est-à-dire à la fin
d'août, les dépenses militaires du Gouvernement austro-hongrois
atteignent approximativement 18 milliards de couronnes et, vers la
fin de septembre, plus de 19 milliards de couronnes. Il est évident
qu'il doit y avoir certaines autres sources pour couvrir ces dépenses.
Ainsi il n'est pas douteux que les chiffres totaux qui figurent dans ce
tableau sont sensiblement au-dessous de la réalité.

Nous utilisons la statistique donnée dans le n° 44 du *Vestnik Finansov*, année 1915, en soulignant que les chiffres cités ont trait uniquement aux emprunts de guerre des six principales puissances sur les douze puissances belligérantes. Il est naturel que des dépenses aussi inouïes, aboutissant à une destruction ultérieure des valeurs, aient pour effet d'enfler la dette publique et de désaxer l'organisation financière de l'Etat. L'équilibre budgétaire est rompu à tel point, que l'on est contraint de rechercher de nouvelles sources susceptibles d'alimenter la caisse de l'Etat, sinon les formidables dépenses qui subsisteront même après la guerre (paiement des intérêts des emprunts nationaux, secours aux familles des invalides, et ainsi de suite) resteraient sans couverture. En Allemagne, par exemple, il faudra au moins doubler les revenus de l'Etat [1]. Si l'on s'en tient aux sources ordinaires de recettes (entreprises d'Etat, impôts directs et indirects), il ne sera pas possible de couvrir les dépenses, et les Etats devront étendre les monopoles. Les milieux dirigeants de la bourgeoisie se font de plus en plus à cette idée puisque, en définitive, la force de l'Etat est la leur. Voici ce que dit l'organe « scientifique » des banques allemandes, par la plume du Dr Félix Pinner : « Les violents désaccords de principe qui s'étaient manifestés avant la guerre au sujet des monopoles en général, ou de tel ou tel monopole déterminé, ont disparu en un clin d'œil, et presque tout le monde considère que des projets comme les monopoles de l'alcool, du pétrole, de l'énergie électrique, des allumettes et peut-être même de la houille, du sel, de la potasse, du tabac et des assurances, sont déjà sur le point d'être réalisés » [2]. Dans ces conditions, il faut s'attendre presque à coup sûr à un développement ultérieur des tendances monopolistes. Prenons, par exemple, la production de l'énergie électrique ; la production du gaz lui faisant concurrence, le monopole du gaz est

---

1. Voir par exemple Adolf Braun, dans la *Neue Zeit*, 33ᵉ année, t. I, p. 584.

2. F. PINNER : *Die Konjunktur des wirtschaftlichen Sozialismus* (*Die Bank*, avril, p. 326-327). Au sujet des monopoles en Allemagne, voir Adolf BRAUN : *Elektrizitätsmonopol* (N. Z., nᵒˢ 19 et 20, 1915) ; Edmond FISCHER : *Das Werden des Elektrizitätsmonopols* (*Sozialistiche Monastshefte*, p. 443 et suiv.) et KAUTSKY : *Zur Frage der Steurn und Monopole* (N. Z., 1914-1915, t. I, p. 682 et suiv.).

GRANDE-BRETAGNE (en milliers de livres sterling)		FRANCE (en milliers de francs)		RUSSIE (en milliers de roubles)	
Empr. 3 ½ % XI/1914 ...	350.000	Prêts de la Banq.de Fr.	7.000.000	Obligations du Trésor es - comptées à la Banque Nationale ..	2.650.000
Bons 3 % ... III/1915 ...	33.600	Prêts de la Banq.de Fr. aux Alliés..	530.000	Emprunt 5 % X/1914	500.000
Empr. 4 ½ % VII/1915 ..	585.000	Empr. 3 ½ % VII/1914..	500.000	Emprunt 5 % II/1915	500.000
Empr. améric. 5 % X/1915	50.000	Bons	7.871.000	Empr. 5 ½ % V/1915	1.000.000
Obligations du Trésor	214.000	Obligations ..	2.241.000	Série 4 % VIII/1914..	300.000
		Prêts de l'Angleterre	1.250.000	Série 4 % III/1915	300.000
		Prêts des Etats-Unis .	1.250.000	Oblig. du Trésor escomptées en Angleterre	1.248.320
				En France ...	234.750
				Emprunt en devises IV/1915	200.000
				Empr. 5 ½ % XI/1915 ...	1.000.000
Total......	1.232.600	Total....	20.642.000	Total......	7.933.070
11.660.396.000 roubles		7.755.000.000 roubles		7.933.070.000 roubes	

Total général : 47.557.581.000 roubles

par conséquent probable. L'accroissement de l'emprise de l'Etat sur les monopoles mixtes est encore plus certaine. En monopolisant l'industrie houillère, l'Etat touche à la production de la fonte. On peut multiplier les exemples de ce genre. Cependant, il faut se demander si tous ces projets ne resteront pas lettre morte et s'ils ne se heurteront pas à la résistance de la bourgeoisie elle-même.

Nous venons de constater le changement de ton à l'égard des monopoles d'Etat. Certes, même en ce moment, il est diverses couches de la bourgeoisie dont les intérêts divergent dans un sens ou dans un autre. Mais l'évolution économique, renforcée sur ce point par la guerre, doit faire et fera que la bourgeoisie, dans son ensemble, se montrera de plus en plus tolérante à l'égard de l'ingérence des mono-

ITALIE (en milliers de lires)		ALLEMAGNE (en millions de marks)		AUTRICHE-HONGRIE en millions de couronnes) (	
Empr. 4 ½ % XII/1914 ..	1.000.000	Emprunt 5 % IX/1914 ...	3.492	Empr. 5 ½ % XI/1914 ...	2.300
Emprunt 5 % VII/1915 ..	1.000.000	Oblig. 5 % IX/1914 ...	1.000	Emprunt 6 % XI/1914 ...	1.170
Prêts de la Banq. d'Ita- lie	1.216.350	Emprunt 5 % II/1915	9.103	Empr. 5 ½ % V/1915	2.780
		Emprunt 5 % IX/1915 ...	12.101	Emprunt 6 % VI/1915 ...	1.124
		Obligations du Trésor	4.304	Empr. 6 % en Allemagne . XI/1914 ...	248
				Empr. 6 % en Allemagne . VII/1915 ..	253
				Dette courante	5.112
Total.....	3.216.350	Total	30.000	Total.....	12.987
1.206.129.000 roubles		13.890.000.000 roubles		5.112.982.000 roubles	

(soit 15 budgets annuels de l'Etat russe.

poles. Il faut en attribuer la cause principale au fait que l'Etat entre en rapports toujours plus étroits avec les milieux dirigeants du capital financier. Les établissements d'Etat et les monopoles privés fusionnent dans les cadres du trust capitaliste national. Les intérêts de l'Etat et ceux du capital financier coïncident sans cesse davantage. D'autre part, l'énorme tension de la concurrence sur le marché mondial exige *de l'Etat un maximum de centralisation et de puissance.* Ces deux causes, d'une part, des raisons fiscales, d'autre part, constituent les principaux facteurs d'étatisation de la production dans les cadres capitalistes.

La bourgeoisie ne perd rien à faire passer la production d'une main dans une autre, l'Etat moderne n'étant pas autre chose qu'une union patronale ayant à sa tête les

mêmes hommes que ceux qui sont à la tête des comptoirs
de syndicats de banque. Elle se borne à recevoir ses dividendes, non pas du comptoir du syndicat de banque, mais
du comptoir des banques d'Etat. Au demeurant, la bourgeoisie aura beaucoup à gagner à cette opération, car ce
n'est que moyennant une production centralisée, milita-
risée et, par conséquent, étatisée, qu'elle peut espérer sortir
victorieuse de la mêlée sanglante.

La guerre moderne n'exige pas seulement un « fondement » financier. Pour qu'on la puisse poursuivre victo-
rieusement, il est nécessaire que les fabriques et les usines,
les mines et l'agriculture, les banques et les bourses travaillent pour la guerre. « Tout pour la guerre », tel est le
mot d'ordre de la bourgeoisie. Les besoins de la guerre et
de la préparation impérialiste à la guerre poussent la bourgeoisie à une nouvelle forme de capitalisme, à l'étatisation
de la production et de la répartition, à l'abolition définitive de l'ancien individualisme bourgeois.

Il est évident que toutes les mesures du temps de
guerre ne survivront pas à la guerre. Des mesures comme
le rationnement du pain et de la viande, l'interdiction de
transformer quantité de produits, la prohibition des exportations, etc., sont autant de mesures qui disparaîtront au
lendemain de la paix. Mais il est non moins certain que la
tendance de l'Etat à s'emparer de la production se déve-
loppera de plus en plus. Il est fort probable que, dans
beaucoup d'industries, il y aura coopération entre l'Etat et
les monopoles privés capitalistes, sur le modèle des « entreprises mixtes » ; en revanche, dans les branches de l'industrie de guerre, le type purement étatique est le plus
vraisemblable. Kunow définit très justement l'avenir des
économies nationales dans les termes suivants : « domination des financiers, développement de la concentration
industrielle, accroissement du contrôle et des entreprises
d'Etat » [1].

---

1. H. Kunow : *Die Wirtschaftsgestattung nach dem Kriege* (*Corres-
pondenzblatt der Generalkommission der Gewerkschaften Deutsch-
lands*, 25e année, n° 37, 11 sept. 1915). Rappelons que Kunow tire de
cela des conclusions libérales foncièrement erronées.

Le processus d'organisation de l'industrie et de développement de l'activité économique pose la question générale du sens social — selon le mot du professeur Jaffé — de la transformation de principe de la structure économique. Les premiers à lever la tête ont été les socialistes étatistes, dont les partisans appartiennent surtout au professorat des universités allemandes. Karl Ballod remet très sérieusement en question la renaissance des utopies en croyant que les monopoles d'Etat réalisent dès maintenant une autre structure de production [1]. Jaffé déclare que la militarisation de la vie économique se distingue du socialisme principalement par le fait qu'à la notion « socialisme » s'allie une « suite endémoniste de pensées » et que là l'individu est mis tout entier au service du « tout » [2]. Nous trouvons un point de vue très curieux chez le professeur Krahmann, qui définit ainsi l'avenir de l'industrie extractive :

Le puissant effet actuel des mesures de soutien de l'Etat et de défense du pays que l'Etat applique pour des raisons d'ordre militaire, nous achemine certainement, même dans le domaine de l'industrie extractive, à une organisation voisine du socialisme d'Etat. Seulement l'on n'y va pas par la voie que d'aucuns redoutaient avant la guerre et que d'autres espéraient. Ce n'est pas un socialisme délayé d'internationalisme, mais un socialisme fortement trempé de nationalisme. Nous nous en approchons. Ce n'est pas un communisme démocratique, encore moins la domination d'une classe aristocratique, mais un nationalisme qui réconcilie les classes : nous nous en sommes rapprochés depuis le 1er août 1914 à une allure que l'on considérait autrefois comme impossible [3].

Que représente donc le tableau « modifié en principe » du « socialisme d'Etat » moderne ? Après l'exposé que nous venons de faire, la réponse vient d'elle-même : nous

---

1. Karl BALLOD : *Einiges aus der Utopienliteratur der letzten Jahren* (*Archiv für die Geschichte des Sozialismus und der Arbeiterbewegung*, 6e année, 1er fasciscule, p. 117-118).

2. JAFFÉ, *l. c.*, p. 523.

3. Max KRAHMANN : *Krieg und Montanindustrie*, p. 22-23. Lieffmann soutient un point de vue opposé (voir son *Stehen wir dem Sozialismus näher*) ; d'ailleurs, son ouvrage est écrit contre toute espèce d'illusions en général, ce qu'il ne cache nullement.

sommes en présence d'un processus de centralisation accélérée dans les cadres du trust capitaliste national qui se développe dans sa forme la plus élevée, forme qui n'est pas le socialisme d'Etat, mais le capitalisme d'Etat. En principe, il ne s'agit nullement d'une nouvelle structure de production, c'est-à-dire d'une transformation des rapports de classe ayant à sa disposition des moyens de production d'une ampleur sans précédent. Aussi bien, il est non seulement risqué, mais encore phénoménalement absurde d'appliquer au présent état de choses une terminologie qui va au delà des rapports capitalistes. *Kriegssozialismus* (socialisme de guerre) et *Staatssozialismus* (socialisme d'Etat) sont des termes qu'on utilise dans le but évident d'induire en erreur et de dissimuler par un « joli » mot le véritable fond des choses, qui est loin d'être beau. Le mode capitaliste de production est basé sur le fait que les moyens de production sont monopolisés par la classe capitaliste sur le fondement de l'économie marchande. A ce sujet, il importe peu, en principe, que l'Etat soit l'expression directe de cette monopolisation, ou que celle-ci soit due à l'« initiative privée ». Dans un cas comme dans l'autre, il y a maintien de l'économie marchande (sur le marché mondial en premier lieu) et — ce qui est encore plus important — *des rapports de classe entre le prolétariat et la bourgeoisie* [1].

Ainsi, l'avenir appartient (dans la mesure où le capitalisme se maintiendra) à des formes économiques voisines du capitalisme d'Etat. Cette évolution ultérieure des trusts capitalistes nationaux, que la guerre accélère au plus haut degré, se répercutera à son tour sur la lutte mondiale de ceux-ci. Nous avons vu quelles ont été les répercussions de la tendance à la transformation des Etats capitalistes en trusts capitalistes nationaux sur les relations mutuelles

---

1. Si le caractère marchand de la production était supprimé (par exemple, par l'organisation de l'économie mondiale en un seul trust géant, dont nous avons démontré l'impossibilité dans le chapitre sur le surimpérialisme), nous aurions une forme économique spécifique. Ce ne serait déjà plus le capitalisme, puisque la production des marchandises disparaîtrait, mais, à plus forte raison, ce ne serait pas le socialisme du fait que la domination d'une classe sur une autre serait maintenue (et même aggravée). Une structure économique de ce genre rappellerait beaucoup plus une économie fermée d'esclavagistes sans qu'il existât de marché d'esclaves.

de ces Etats. Les tendances monopolistes au sein de chaque corps national ont provoqué immédiatement des tendances monopolistes de conquête au dehors, qui ont singulièrement aggravé la concurrence et les formes de celle-ci. Là-dessus est encore venu se greffer le processus accéléré d'étrécissement du champ d'activité capitaliste resté libre. Ainsi, il n'est pas douteux que l'avenir prochain sera fertile en conflits violents, et que l'atmosphère sociale ne cessera pas d'être saturée d'une menace permanente de guerre. Le développement extraordinaire du militarisme et des idées impérialistes en est une des expressions extérieures. L'Angleterre, le pays de la « liberté » et de l' « individualisme», a déjà établi des droits de douane et organisé une armée permanente ; son budget est militarisé. L'Amérique se livre manifestement à de formidables préparatifs militaires ; il en est de même partout : en Allemagne, en France, au Japon. Les temps idylliques d'une existence « pacifique » se sont évanouis sans retour, et la société capitaliste roule dans un tourbillon de guerres mondiales.

Il nous reste quelques mots à dire sur l'avenir des rapports entre les classes puisque, à priori, il est déjà évident que les nouvelles formes de rapports capitalistes ne peuvent pas ne pas exercer leur effet sur la situation des divers groupements sociaux. La question économique essentielle est de savoir quel sera le sort des différentes parties du revenu national; autrement dit, le tout est de savoir comment le produit national sera réparti entre les diverses classes sociales et, en premier lieu, comment évoluera la « part » de la classe ouvrière. A ce sujet, nous supposons que le processus se développe de façon à peu près identique dans tous les pays avancés et que les thèses justes pour les économies nationales le sont également pour l'économie mondiale.

Tout d'abord, on est obligé de constater une tendance profondément enracinée à la diminution du salaire réel. La cherté, essentiellement basée sur la disproportion de la production capitaliste, non seulement ne disparaîtra pas, mais s'aggravera (nous ne parlons pas, bien entendu, de

la cherté spéciale au temps de guerre). La disproportion
entre l'industrie mondiale et l'agriculture s'accusera de plus
en plus du fait que nous sommes entrés dans une période
d'industrialisation accélérée des pays agraires. Le développement du militarisme et de la guerre augmenteront terri-
blement les impôts, les portant jusqu'à l'extrême limite du
possible : « tout ce qui peut être imposé, le sera ; tout ce
qui sera imposé supportera le poids d'une contribution
écrasante », écrit la *Torgovo-Promychlennaïa Gazéta*[1]. Et
ce n'est pas une phrase vide. Etant donné l'énormité des
dépenses improductives et la réorganisation du budget,
l'augmentation des impôts directs et indirects est certaine.
L'aggravation du coût de la vie s'effectue encore d'une
autre façon : premièrement, les prix montent en raison de
l'élévation des droits de douane ; secondement, à cette augmentation vient s'ajouter la hausse des prix-monopoles
dans les branches « cartellisées » ; les monopoles d'Etat
renchériront les produits pour des raisons fiscales. Résultat : une part de plus en plus grande du produit revien-
dra à la bourgeoisie et à son gouvernement.

D'autre part, la tendance contraire venant de la classe
ouvrière se heurtera à la résistance croissante de la bourgeoisie consolidée et organisée, étroitement associée avec
l'Etat. Les conquêtes ouvrières habituelles de l'époque antérieure ne sont pour ainsi dire plus possibles. Ainsi, il y
a aggravation non pas relative, mais absolue, de la situation de la classe ouvrière. Les antagonismes de classe em-
pirent forcément. Ils empireront davantage pour une autre
raison. La structure capitaliste d'Etat de la société entraîne
encore, outre l'aggravation de la situation économique de
la classe ouvrière, l'asservissement certain de celle-ci à
l'Etat impérialiste. Déjà avant la guerre, les employés et
les ouvriers des entreprises d'Etat étaient privés d'un certain nombre de droits élémentaires : droit de coalition, de
grève, etc. Il s'en fallait de peu qu'une grève des chemins
de fer ou des postes ne fût considérée comme un crime
d'Etat. La guerre a encore aggravé la sujétion de ces
couches du prolétariat envers leurs maîtres. Dans la me-

---

1. *Torgovo-Promychlennaïa Gazéta*, n° 217, année 1915.

sure où le capitalisme d'Etat confère une importance d'Etat à la quasi-totalité des branches de la production, dans la mesure où ces dernières sont mises au service de la guerre, le code pénal s'applique à toute la vie de la production. Les ouvriers ne sont pas libres de se déplacer, ils n'ont ni le droit de grève, ni le droit d'appartenir aux partis dits « anticonstitutionnels », ni le droit de choisir les établissements où ils désirent travailler, etc. Ils sont transformés en serfs attachés non plus à la glèbe, mais à l'usine. Ils deviennent les esclaves blancs de l'Etat brigand impérialiste, qui absorbe dans le cadre de son organisation toute la vie de la production.

Ainsi, les antagonismes de classe acquièrent une importance essentielle qu'ils ne pouvaient avoir auparavant. Les rapports entre les classes trouvent une expression on ne peut plus claire, on ne peut plus nette ; le mythe de « l'Etat au-dessus des classes » s'efface des esprits, l'Etat se transformant directement en patron et en organisateur de la production. Dissimulés jusqu'ici par une multitude de chaînons intermédiaires, les rapports de propriété apparaissent aujourd'hui dans toute leur nudité. Or, si telle doit être la situation de la classe ouvrière dans les rapides intervalles qui séparent les guerres, il est indubitable qu'elle sera encore aggravée dans les périodes de guerre. Ainsi le journal des financiers anglais, l'*Economist*, avait-il raison de dire, au début de la guerre, que celle-ci marquait pour le monde l'avènement d'une ère de conflits de la plus grande violence...

CHAPITRE XIV

———

L'économie mondiale et le socialisme prolétarien

1. Le capitaliste et l'ouvrier, pôles des rapports sociaux. — 2. Antagonisme de classe et solidarité relative d'intérêts. — 3. Intérêts durables et intérêts passagers. — 4. Rapports dits patriarcaux entre le Travail et le Capital. — 5. La classe ouvrière et l'Etat bourgeois. — 6. La classe ouvrière et la politique impérialiste de l'Etat bourgeois (forme relative de « solidarité »). — 7. La classe ouvrière et la guerre. — 8. Faillite des « accords » avec l'Etat bourgeois et renaissance du socialisme révolutionnaire.

La guerre a engendré, dès le début, non pas la crise du capitalisme (dont les symptômes n'étaient perceptibles qu'aux esprits les plus perspicaces de la bourgeoisie comme du prolétariat), mais la faillite de l'Internationale « socialiste ». Il est impossible d'expliquer ce phénomène, de façon tant soit peu satisfaisante, en se basant exclusivement, comme beaucoup l'ont fait, sur l'analyse des rapports internes dans chaque pays. La faillite du mouvement prolétarien découle de la diversité de situation des « trusts capitalistes nationaux » dans le cadre de l'économie mondiale. De même qu'il est impossible de comprendre le capitalisme moderne et sa politique impérialiste sans procéder à l'analyse de la tendance du capitalisme mondial, de même il est indispensable de partir de cette analyse dans la recherche des tendances fondamentales du mouvement prolétarien.

Le Capital suppose le Travail. Le Travail suppose le Capital. Le mode capitaliste de production constitue un rapport bien défini entre les hommes, entre les classes sociales, dont l'une présuppose l'existence de l'autre et *viceversa*. De ce point de vue, les capitalistes comme les ouvriers sont les membres, les parties composantes, les pôles d'une seule et même société capitaliste. Etant donné que la société capitaliste existe, il y a interdépendance entre ces classes antagonistes, interdépendance qui se traduit sous forme d'une solidarité relative d'intérêts qui, au fond, se contrarient. Cette « solidarité » d'intérêts est une solidarité momentanée et nullement une solidarité durable, cimentant les membres d'une seule et même classe. L'économie politique bourgeoise et, après elle, ses adeptes « socialistes » font passer pour l'essentiel ce qui est passager, momentané, accidentel dans la lutte de classe sur le terrain social. Les arbres les empêchent de voir la forêt, et ils finissent fatalement par devenir de simples serviteurs du capital financier.

Eclairons cela d'un exemple. Tout le monde sait qu'au début de l'époque capitaliste, lorsque la classe ouvrière ne commençait qu'à se former et à se séparer de ses maîtres, lorsque les « rapports patriarcaux » prédominaient entre patron et ouvrier, ce dernier identifiait ses intérêts avec ceux de son exploiteur.

Cette identité d'intérêts, au fond profondément antagonistes, n'était certes pas le fait du hasard. Elle s'appuyait sur une base très réelle. « Mieux vont les affaires de notre atelier, mieux c'est pour moi », se disait l'ouvrier d'alors. Et ce raisonnement se basait sur l'éventualité d'une augmentation de salaire en raison de l'accroissement de la somme des valeurs réalisées par ladite entreprise.

Sous d'autres formes, nous retrouvons la même psychologie. Car, qu'est-ce que représente, par exemple, l' « étroitesse corporative » des trade-unions anglaises ? Au fond, nous y voyons la même idée : notre production, notre branche de production qui englobe ouvriers et industriels, doit tout d'abord prospérer ; on n'y peut admettre aucune ingérence d'éléments étrangers.

De nos jours, nous constatons quelque chose d'analogue dans le « patriotisme de clocher » qui sévit dans les entreprises particulièrement qualifiées. Nous en avons un exemple avec les usines Ford, « pacifiste » américain bien connu (en même temps que fournisseur de guerre). Les ouvriers y sont l'objet d'une véritable sélection, gagnent davantage, bénéficient de primes de toutes sortes et participent aux bénéfices, à la condition expresse de s'attacher à l'usine. Le résultat est que les ouvriers mystifiés se « dévouent » pour leur maître.

Sur une plus large échelle, on arrive à la même constatation si l'on considère le protectionnisme ouvrier avec sa politique de défense de l' « industrie nationale », du « travail national », etc. Une bonne part d'ouvriers australiens et américains est pénétrée de cette idéologie : nous avons notre industrie nationale dans laquelle « nous » (c'est-à-dire les capitalistes comme les ouvriers), sommes intéressés au même titre, puisque plus « nos » bénéfices seront importants, plus notre salaire sera élevé.

Dans la concurrence que se font les diverses entreprises, toutes n'occupent pas une position identique. Il y a toujours des entreprises plus ou moins qualifiées qui détiennent une situation privilégiée. Dans le partage de la plus-value produite dans l'ensemble de la société, leur importance relative est disproportionnellement grande, du fait qu'elles touchent un bénéfice différentiel, d'une part, et, d'autre part, une rente de cartel (pour autant qu'il s'agit de la nouvelle période). Une base se crée ainsi pour l'association momentanée des intérêts du Capital et du Travail dans la branche de production donnée, association qui amène le Travail à servir fidèlement le Capital.

Il va de soi que ce genre de « solidarité d'intérêts » entre le capitaliste et l'ouvrier revêt un caractère passager et ne peut déterminer la ligne de conduite du prolétariat. Si les ouvriers se cramponnaient éternellement aux basques de leur maître, ils ne feraient jamais grève et les employeurs, les subornant l'un après l'autre, les écraseraient en détail.

Or, tant que le prolétariat n'a pas encore appris à distinguer les intérêts isolés et momentanés des intérêts généraux et durables, il reste pénétré de cette psychologie bornée. Il ne s'en libère que sous l'effet de la lutte de classe, qui se développe et qui finit par supprimer l'étroitesse locale en cimentant les ouvriers, en les opposant, en tant que classe, à la classe capitaliste. Ainsi la mentalité de l'époque patriarcale a disparu le jour où le lien qui unissait le patron et l'ouvrier d'une entreprise isolée a été rompu. Ainsi s'est évanouie l' « étroitesse corporative » des syndicats d'ouvriers qualifiés.

Or, la fin du XIXe siècle qui a détruit en grande partie les liens entre le capitaliste et l'ouvrier, en opposant ces classes et leurs organisations, classes et organisations en principe ennemies, n'a pas encore supprimé les liens qui subsistent entre la classe ouvrière et la principale organisation de la bourgeoisie : *l'Etat impérialiste.*

L'association de la classe ouvrière avec cette organisation a trouvé son expression dans l'idéologie du patriotisme ouvrier (« social-patriotisme ») et dans l'idée de la patrie, que la classe ouvrière est tenue de servir.

Après ce que nous venons de dire, la base matérielle de ce phénomène apparaîtra clairement si nous portons nos regards sur la sphère tout entière de l'économie mondiale.

Nous avons vu qu'à la fin du XIXe siècle, la lutte pour la concurrence est passée en grande partie dans la concurrence extérieure, c'est-à-dire dans la concurrence sur le marché mondial. Ainsi, l'organisation étatique du capital, « l'Etat-patrie », qui s'est transformée en trust capitaliste national, s'est substituée à l'entreprise isolée. Elle a fait son entrée dans l'arène mondiale de la lutte avec tout le poids de son lourd appareil.

C'est de ce point de vue que l'on doit tout d'abord examiner la politique coloniale des Etats impérialistes.

Il y a beaucoup d'internationalistes modérés qui croient que la politique coloniale ne rapporte rien à la classe ouvrière, qu'elle ne fait que lui nuire et que, par suite, elle doit être repoussée. D'où le désir bien naturel de démontrer que les colonies ne sont d'aucun profit et qu'elles sont une entreprise essentiellement onéreuse du point de vue même de la bourgeoisie. Cette théorie est soutenue, notamment, par Kautsky.

Malheureusement, le défaut de cette théorie est d'être tout simplement fausse. La politique coloniale est une source d'énormes profits pour les grandes puissances, c'est-à-dire, pour leurs classes dominantes, pour le « trust capitaliste national ». Voilà la raison de la politique coloniale de la bourgeoisie. Mais, par là même, celle-ci a la possibilité d'augmenter les salaires aux ouvriers au prix de l'exploitation des sauvages des colonies et des peuples conquis.

Voilà les résultats de la politique coloniale des grandes puissances. Ce ne sont ni les ouvriers du continent, ni les ouvriers anglais qui ont fait les frais de cette politique, mais les peuples coloniaux. Tout ce que le capitalisme représente de sang, de fange, d'horreur et de honte, tout le cynisme, toute la cruauté de la démocratie moderne, s'est déversé dans les colonies. En revanche, les ouvriers européens y ont gagné, sur le moment, en obtenant des salaires plus élevés, grâce à la « prospérité industrielle ».

Le « progrès » relatif de l'industrie d'Europe et d'Amérique a donc été conditionné par la soupape de sûreté qu'a constituée la politique coloniale. Ainsi l'exploitation des « tiers » (producteurs précapitalistes) et du Travail colonial, a abouti à une augmentation de salaires pour les ouvriers européens et américains.

A ce propos, il importe de noter, que, dans la lutte pour les colonies, les débouchés et sources de matières premières, les sphères d'investissement de capitaux et la main-d'œuvre bon marché, les « trusts capitalistes nationaux » ont été loin de remporter des succès d'égale importance. Alors que l'Angleterre, l'Allemagne, l'Amérique avançaient à toute allure sur le marché mondial, la Russie et l'Italie, en dépit de tous les efforts des impérialistes, se sont révélées trop « faibles ».

Ainsi, quelques grandes puissances impérialistes se sont posées en prétendantes au monopole mondial. Vis-à-vis des autres, elles se sont affirmées « hors concurrence ».

Du point de vue économique, la situation se caractérise ainsi :

Le partage de la plus-value mondiale s'effectue au cours de la lutte sur le marché international. Dans le cadre de l' « économie nationale », comme dans celui de l'économie mondiale, les plus forts concurrents (en l'occurrence il faut tenir compte de facteurs très complexes : structure de production, force de l'appareil militaire d'Etat, avantages d'une situation résultant de l'existence de certains « monopoles naturels », etc.), obtiennent un surprofit, un profit différentiel spécifique (grâce à une structure supérieure de production) et une rente de cartel spécifique (grâce à la pression de l'appareil militaire qui appuie le monopole).

Le surprofit obtenu par l'Etat impérialiste est accompagné d'un salaire élevé pour certaines couches de la classe ouvrière, en premier lieu pour les ouvriers qualifiés.

Autrefois également, on a pu observer ce phénomène. Frédéric Engels l'a mentionné à maintes reprises lorsqu'il soulignait l'hégémonie de l'Angleterre sur le marché mondial et le conservatisme du prolétariat anglais qui en résultait.

Du fait que le prolétariat était relativement intéressé à la spoliation des colonies, des liens se sont développés et affermis avec l'organisation patronale de l'Etat bourgeois impérialiste. Dans la littérature socialiste, cette psychologie a trouvé son expression dans le point de vue « étatique » des opportunistes social-démocrates. Cette « sagesse » d'Etat, que l'on s'appliquait à souligner à tout propos et hors de propos, a été un abandon complet du marxisme révolutionnaire.

Marx et Engels voyaient dans l'Etat l'organisation de la classe dominante, écrasant par le fer et dans le sang la classe opprimée. Ils supposaient que, dans la société future, il n'y aurait plus de classes. Certes, pour l'époque transitoire de la dictature du prolétariat où, momentanément, celui-ci constitue la classe dominante, ils insistaient (avec raison) sur la nécessité d'un appareil d'Etat spécial pour mater les classes renversées. Mais ils haïssaient l'appareil d'Etat oppresseur et, de ce point de vue, ils se livraient à une critique impitoyable des lassalliens et autres « hommes d'Etat ». Il est certain que ce point de vue révolutionnaire est en rapport avec la thèse bien connue du *Manifeste Communiste* : les prolétaires n'ont pas de patrie.

Les épigones socialistes du marxisme ont relégué aux archives la position révolutionnaire de Marx et Engels. Ils y ont substitué la théorie du « véritable patriotisme », du « véritable étatisme », qui d'ailleurs ressemblent comme deux gouttes d'eau au patriotisme traditionnel et à l'étatisme routinier de la bourgeoisie dominante. Cette psychologie s'est formée organiquement de la coparticipation du prolétariat à la politique impérialiste des trusts capitalistes nationaux.

Ainsi, on ne saurait s'étonner qu'au moment de la déclaration de guerre, la classe ouvrière des pays capitalistes avancés, attachée au char de l'Etat bourgeois, se soit mise à le soutenir. Toute l'évolution antérieure l'y avait préparée, et c'est à quoi devait aboutir l'association du prolétariat avec l'organisation d'Etat du capital financier.

Cependant, la guerre elle-même, qui n'a pu se faire que moyennant l'acquiescement tacite ou l'indignation insuffisante du prolétariat, lui a montré que *l'intérêt qu'il trouvait dans la politique impérialiste n'était rien en comparaison des plaies que la guerre lui inflige.*

Ainsi nous allons au-devant d'une crise de l'impérialisme et d'une renaissance du socialisme prolétarien. L'impérialisme a montré sa physionomie véritable à la classe ouvrière européenne. Si, auparavant, son activité barbare, destructive, rapace s'abattait tout entière sur les sauvages, aujourd'hui, c'est sur les travailleurs d'Europe qu'elle s'abat avec l'effroyable violence d'une furie sanguinaire déchaînée. Les quelques sous supplémentaires que les ouvriers européens ont tirés de la politique coloniale de l'impérialisme peuvent-ils réellement entrer en ligne de compte avec les millions d'ouvriers massacrés, avec les milliards engloutis par la guerre, avec l'étau infernal du militarisme gonflé d'arrogance, avec la destruction sauvage des forces productives, avec la famine et la cherté de la vie ?

La guerre brise la dernière chaîne qui attachait les ouvriers à leurs maîtres — la soumission esclave à l'Etat impérialiste. La dernière forme d'étroitesse de vues du prolétariat : son étroitesse nationale, son patriotisme, est en train de s'évanouir. Les intérêts momentanés, les avantages passagers qu'il trouvait dans le pillage impérialiste et dans les liens le rattachant à l'Etat impérialiste reculent à l'arrière-plan devant les intérêts permanents et généraux de l'ensemble de sa classe, devant l'idée de la révolution sociale du prolétariat international qui, les armes à la main, renverse la dictature du capital financier, brise son appareil gouvernemental et organise un pouvoir nouveau : le pouvoir des ouvriers contre la bourgeoisie. A l'idée de défense ou d'extension des frontières de l'Etat bourgeois, qui paralyse le développement des forces productives de l'économie mondiale, se substitue le mot d'ordre de la suppression des frontières nationales et de la fusion des peuples en une seule famille socialiste. Ainsi, après des recherches douloureuses, le prolétariat acquiert la notion de ses véritables intérêts, qui l'acheminent au socialisme par la révolution.

CONCLUSION

L'évolution de l'histoire est faite de contradictions.
C'est par voie de contradictions que se développe la structure économique de la société. Existence passagère et renouvellement perpétuel des formes, dynamique vivante créant sans cesse du nouveau, telle est la loi immanente de la réalité. La dialectique de Hegel, remise sur ses pieds par Karl Marx, est excellente, parce qu'elle saisit la dialectique de la vie, analyse hardiment le présent, sans s'émouvoir du fait que toute état de choses porte en lui les germes de sa propre mort.

« Dans sa forme mystifiée, la dialectique fut à la mode en Allemagne, parce qu'elle semblait transfigurer ce qui existait. Dans sa forme rationnelle, elle est un scandale et un objet d'horreur aux yeux des bourgeois et de leurs porte-parole doctrinaires, et cela pour différentes raisons : dans l'intelligence positive des choses existantes, elle implique en même temps l'intelligence de leur négation, de leur destruction nécessaire ; elle conçoit toute forme en cours de mouvement et, par conséquent, d'après son côté périssable ; elle ne se laisse imposer par rien et est, de par son essence, critique et révolutionnaire ». Voilà ce qu'écrivait Marx dans la préface du premier volume du *Capital*. Depuis, beaucoup de temps s'est écoulé et voici que l'on entend distinctement un autre futur frapper à la porte de l'Histoire. La société moderne, en développant dans des proportions gigantesques les forces productives, en conquérant vigoureusement et continuellement des régions nouvelles, en asservissant à un degré sans précédent la nature entière à la domination de l'homme, commence à étouffer dans l'étau capitaliste. Au début du capitalisme, les contradictions inhérentes à ce dernier n'étaient encore qu'à l'état embryonnaire, mais elles se sont développées et accrues à chaque progrès du capitalisme ; dans la période impérialiste elles atteignent des proportions formidables. Au point de développement où elles en sont, les forces productives réclament impérieusement de nouveaux rapports de production. L'enveloppe capitaliste doit fatalement éclater.

L'époque du capital financier a fait le mieux ressortir tous les éléments qui empêchent l'organisme capitaliste de s'adapter comme tel. Autrefois, lorsque le capitalisme agissait comme force de progrès, il pouvait, de même que son agent de classe, la bourgeoisie, dissimuler en partie ses défauts internes par le caractère singulièrement rétrograde et l'incapacité d'adaptation des éléments précapitalistes. La grande production, armée de machines monstres, écrasait sans pitié la misérable technique du métier. Ce processus douloureux marquait la faillite des modes de production précapitalistes. D'autre part, la présence de ces modes et de « tiers » de toutes espèces dans le processus de production capitaliste permettait au capitalisme d'étendre « pacifiquement » sa puissance et de ne pas découvrir les bornes mises à l'évolution économique par son enveloppe capitaliste. Ainsi, les traits les plus communs des contradictions internes inhérentes au capitalisme comme tel, et qui constituent sa « loi », ne purent apparaître dans toute leur netteté qu'au stade de développement économique où le capitalisme sortit de ses langes et devint non seulement la forme prédominante de la vie sociale économique, mais la forme universelle des rapports économiques, c'est-à-dire lorsqu'il se mit à agir comme capitalisme mondial. Ce n'est que maintenant que l'on voit apparaître avec une virulence extrême l'antagonisme interne du capitalisme. Les convulsions du monde capitaliste moderne qui, dans l'angoisse de l'agonie, s'est couvert d'un flot de sang, sont l'expression des contradictions du régime capitaliste qui, en fin de compte, le feront voler en éclats.

Le capitalisme a tenté d'apprivoiser la classe ouvrière et d'atténuer les antagonismes sociaux en diminuant la pression au moyen de la soupape coloniale. Mais ayant atteint ce but un instant, il n'a fait par là que préparer l'explosion de la chaudière capitaliste.

Le capitalisme a tenté d'adapter le développement des forces productives aux cadres nationaux de leur exploitation au moyen des conquêtes impérialistes. Mais il s'est montré inacapable de résoudre ce problème même par ses méthodes.

Il a porté la force du militarisme à un degré inconnu. Il a jeté dans l'arène historique des millions d'hommes armés. Mais les armes se tournent déjà contre lui. Eveillées à la vie politique, au début humbles et soumises, les masses populaires, parlent de plus en plus fort. Trempées dans les combats qui leur ont été imposés d'en haut, habituées à tout moment à regarder la mort en face, elles rompent avec le même élan le front de la guerre impérialiste en la transformant en guerre civile contre la bourgeoisie. Ainsi le capitalisme, en faisant atteindre à la concentration de la production des limites sans précédent, en créant un appareil de production centralisé, a préparé en même temps les immenses équipes de ses propres fossoyeurs. Dans le vaste conflit de classes, la dictature du prolétariat révolutionnaire se substitue à celle du capital financier. « L'heure de la propriété capitaliste a sonné. Les expropriateurs seront expropriés ».

TABLE DES MATIÈRES

DEUXIEME PARTIE

L'économie mondiale et le processus de nationalisation du capital

CHAPITRE IV

La structure interne des économies nationales et la politique douanière

CHAPITRE V

Marché mondial et modifications des conditions d'écoulement

CHAPITRE VI

Le marché mondial des matières premières et les modifications des conditions d'achat de matières

CHAPITRE VII

Circulation mondiale du capital et modification des formes économiques de liaison internationale

IMPRIMERIE   CENTRALE

5, Rue Érard - Paris (12·)